河南省社会科学院哲学社会科学创新工程试点项目

中原学术文库·青年丛书

基于产业共生的园区
循环经济发展模式研究

RESEARCH ON CIRCULAR ECONOMY PATTERNS OF
PARK BASED ON INDUSTRIAL SYMBIOSIS

王元亮／著

社会科学文献出版社
SOCIAL SCIENCES ACADEMIC PRESS (CHINA)

前　言

改革开放 40 多年以来，我国经济保持了持续高速增长态势，取得了举世瞩目的成就。但同时，我国也付出了自然资源浪费严重、生态环境破坏剧烈的巨大代价，由此引起了人们对我国经济增长的可持续性和环境安全性的忧虑。目前，我国每增加一个单位 GDP 所产生的废水排放量是发达国家的 5 倍；单位工业产值所产生的固体废弃物是发达国家的 10 倍多；每增加一个单位 GDP 所产生的能源和原材料消耗量是美国的 4 倍，是英国和法国的 7~9 倍；每万元 GDP 所产生的能耗是世界平均水平的 3.4 倍。这种线性增长的经济发展模式，使支撑我国经济增长的资源与生态环境越来越脆弱，如果我们不寻求新的经济增长方式，那么以资源环境为依托的经济增长模式势必缺乏后劲，甚至一蹶不振。

当前在世界范围内，产业园区日益成为促进国家和区域经济发展的重要载体。但随着产业园区的不断发展，资源约束与环境污染等问题也越来越严重，产业园区正面临着进一步发展的制约。随着全社会对资源环境越来越重视，产业共生日益成为产业园区打破瓶颈的关键要素和实现生态化转型的重要途径。共生既是一种自然现象，也是一种经济现象。近些年来，产业共生的研究和应用日益受到学术界和社会的关注，相关研究成果呈现快速增长的趋势。特别是党的十八大确立生态文明建设愿景以来，我国把生态环境保护作为经济社会发展的前置条件，为产业共生的发展提供了战略机遇。2011 年 6 月，在美国旧金山召开的第八届产业共生研讨会，与会专家讨论了产业共生的几个基本问题，其中包括世界范围内已经出现了哪些产业共生的发展模式。产业共生模式是以生态园区为载体，通过企业之间的合作，实现废弃物的资源化和资源利用效率的提高，进而拉长产业链条促进产业转型升级。现实中，产业共生模式在国内外很多产业园区内都已自发形成或经引导而形成，例如，丹麦卡伦堡园区和我国的广西贵港国家生态工业（制糖）示范园区。

本书研究对象为基于产业共生的园区循环经济发展模式。在分析研究背景和研究意义的基础上，系统梳理了基于产业共生的园区循环经济发展模式的理论基础和研究进展；研究了基于产业共生的园区循环经济发展模式的动力机制、形成机理和演进机理；总结了基于产业共生的园区循环经济发展模式的类型；构建了基于产业共生的园区循环经济发展模式的评价体系；进而分析了国内外典型的发展模式，探索实践了基于产业共生的园区循环经济发展模式，并提出相应的对策建议。

本书共分九章。第一章为研究背景与研究意义。主要从生态文明建设形势、经济高质量发展形势、产业转型升级形势、园区循环化改造形势和企业转型发展形势等方面分析研究的背景；从推进生态文明建设的内在要求和主要内容，推动经济高质量发展的重要抓手和必然选择，加快产业转型升级调整的现实需要和有效路径，实现区域可持续发展的应有之义和必由之路，促进绿色发展和绿色消费的战略选择和客观要求等方面阐述研究意义。第二章为研究理论基础。主要从生态学、产业生态学、循环经济和共生理论以及所包括的基本原理或基本原则等方面，本章系统梳理基于产业共生的园区循环经济发展模式的研究理论基础。第三章为研究进展。通过对国内外产业共生、循环经济、园区循环经济的研究进展进行综述，总结目前相关研究存在的不足，并提出了下一步研究的方向。第四章为基于产业共生的园区循环经济内涵。本章对产业共生、循环经济、循环经济园区的内涵进行研究，并在此基础上梳理了基于产业共生的园区循环经济的内在逻辑和基本特征，为更深层次、更系统地研究基于产业共生的园区循环经济发展模式奠定基础。第五章为基于产业共生的园区循环经济发展模式研究。本章为全书的核心部分之一，具体从动力机制、形成机理、演进机理、类型划分和模式评价体系五个方面展开系统研究。第六章为基于产业共生的园区循环经济典型模式。本章主要分析国内外典型模式并总结经验启示。第七章为基于产业共生的园区循环经济模式探索。本章主要分析临潭县生态农牧业自主共生模式、卓尼县农畜产品加工复合共生模式、白银市高新开发区嵌套共生模式、张掖市矿产资源开发虚拟共生模式，以及甘南州产业共生模式的生态保障、玉门市产业共生模式的资金措施保障。第八章为完善基于产业共生的园区循环经济模式的对策建议。本章主要有针对性地提出基于产业共生的园区循环经济模式的具体对策，以期更好地指导完善发展模式。第九章为思考与展望。总结思考并提出进一步需要研究的方向。

目　录

第一章 研究背景与研究意义

循环经济是全球经济发展的趋势。发达国家已经将发展循环经济作为实现可持续发展的重要途径,实施集生态设计、清洁生产、资源综合利用、绿色消费等为一体的循环经济发展战略。目前,我国总体上正处于工业化发展的中期,高投入、高消耗、高排放、低效率的"三高一低"粗放型经济增长方式仍未得到根本性转变,能源、矿产等资源被大量消耗,固体废物、废水和废气超标排放问题依然严重,资源浪费和环境污染程度已对自然界的承载能力产生影响,因此,建立资源高效循环利用的循环经济发展模式已经迫在眉睫。2005 年,国务院相关部委正式开展循环经济试点工作,选择重点行业、重点领域和产业园区探索循环经济发展模式,并形成一批循环经济产业示范园区,完善重点领域的再生资源回收利用体系,建立资源循环利用机制。2003 年实施的《中华人民共和国清洁生产促进法》和 2009 年实施的《中华人民共和国循环经济促进法》,是我国建设循环经济发展制度的里程碑,标志着我国循环经济发展进入新的历史阶段。为适应新的发展形势,这两部基本法律分别于 2012 年、2018 年进行了修订,将更好地促进我国循环经济发展,保护和改善生态环境,推动经济高质量发展。

第一节 研究背景

发展循环经济、转变经济增长模式、追求可持续发展是当今世界经济发展的重要方向。我国是发展中国家，面临生态文明建设、经济高质量发展、产业转型升级、园区循环化改造、企业转型发展和市场需求等形势，发展循环经济具有其必然性和紧迫性。因此我国必须要逐步建立适应经济社会发展需要的循环经济发展新模式。

一 生态文明建设的形势

以消耗大量资源能源为基础的工业文明，其生产方式从原料到产品再到废弃物是一个非循环的线性过程。这种传统的经济发展模式在为人类带来巨大经济利益的同时，也造成了自然资源加剧消耗与生态环境污染日益严重等突出问题，使人类的生存环境受到严重威胁。随着人口的持续增长，地球已经无法维持这种经济发展模式，有限资源和人类无限需求之间的矛盾也越来越突出。如果维持一个美国这样庞大复杂的社会正常运转，可能需要五个地球的资源；而维持一个英国这样的社会也可能需要近三个地球的资源。为了解决这种传统经济发展模式所带来的问题，世界各国都在积极寻求一个可持续发展理论与经济活动的平衡点。因此，各国在工业生产中越来越重视废弃物的减排，提高资源利用率，逐渐从传统的"资源－产品－废物排放"线性发展模式，转变为"资源－产品－废弃物－再生资源"的可持续发展模式，以克服经济发展的资源环境约束。

当前，我国正处于工业化、城镇化加速发展阶段。发达国家工业化的历史经验和我国经济建设的发展历程表明，如果继续走高投入、高消耗、高污染、低效益的传统工业化道路，不仅全面建成小康社会的目标无法实现，而且建设生态文明的目标也会难以实现。这就需要摒弃传统的工业化道路，寻找一种新的发展方式，尽可能地节约自然资源，不断提高资源利用效率。而循环经济作为一种注重生态环境保护的发展模式，既契合可持续发展的要求，又能够实现经济发展、社会进步和生态环境保护的共赢。

在这样的背景下，党的十八大把生态文明建设放在更加突出的地位，将生态文明建设上升到中国特色社会主义事业"五位一体"总布局的新高度，要努力建设美丽中国，实现中华民族永续发展。生态文明是人类文明发展的一个新的阶段，是工业文明发展到一定阶段的产物，也是正在积极推动、逐步形成的人类社会文明的高级形态。生态文明以人与自然、人与人、人与社会和谐共生、良性循环、全面发展、持续繁荣为基本宗旨，是贯穿于经济建设、政治建设、文化建设、社会建设全过程和各方面的系统工程，也是一场包括从经济发展方式到整个经济社会体制的深刻变革。因此，面对资源约束趋紧、环境污染严重、生态系统退化的严峻形势，我们必须树立尊重自然、顺应自然、保护自然的生态文明理念，着力推进循环经济发展，促进经济系统融入自然生态系统的物质循环过程。

二　经济高质量发展的形势

2008 年金融危机以来，世界主要发达国家纷纷出台新的战略举措，加快产业结构调整步伐，通过构筑先进产业体系推动经济高质量发展以应对经济危机冲击，推动经济高质量发展成为世界各国，尤其是发达国家所积极追求的目标。例如，美国的"再工业化"和"制造业回归"战略、德国的"工业 4.0"战略、英国的"英国工业 2050 战略"、法国的"新工业法国"战略、日本的"制造业振兴战略"、韩国的"制造业创新 3.0 战略"等，均把先进制造业作为产业升级的目标，抢占全球产业制高点。

在国内，一方面，我国经济发展进入了新常态，随着经济规模不断扩大，劳动成本和资源环境的制约作用日益凸显，以往以高投入、高污染和低效益为代价的低质量发展模式已经不可持续，必须把发展质量放在首位，推动经济健康可持续发展；另一方面，党的十九大提出我国社会主要矛盾已经转化为人民日益增长的美好生活需要和不平衡不充分的发展之间的矛盾。人民的美好生活需要在原来物质文化需要的基础上，向更加多元化、更高水平发展。随着人民收入持续提高，新一轮消费升级正在加快，供需结构不匹配、发展不协调、环境污染等发展不平衡不充分问题，与人民日益增长的美好生活需要的矛盾越来越突出，这就必须以高质量发展为核心，淘汰过剩的低端产能，弥补中高端产业发展短板，夯实满足人民美好生活需要的经济基础。此外，随着人们越来越注重追求高质量生存环境，注重产品节能和环保，看重企业的环保意识和环保形象，世界各国对进口商品的环保标准要求也越来越高，我国一些工业产品和农产品由于在生产、包装、使用等环节达不到一些国家的进口环保标准，在出口时经常遭禁，这已成为发达国家限制我国商品出口的一个重要手段。这就要求我国只有实行高环保标准，才会在未来的国际竞争中处于有利地位。

党的十九大报告明确指出，我国经济已由高速增长阶段转向高质量发展阶段，经济增速开始从高速转为中低速、经济增长动力从投资要素驱动转为创新驱动。高质量发展要求促进经济绿色低碳循环发展，促进传统产业优化升级，构建绿色产业链。因此，推动经济高质量发展，就要将发展循环经济作为推动实现新时代经济高质量发展的重要抓手和构建现代经济体系的重要内容，主动适应我国社会主要矛盾变化的要求。我国要推动经济高质量发展，坚持质量第一、效益优先，推动经济发展质量变革、效率变革、动力变革，提高全要素生产率，不断增强我国经济创新力和竞争力，就必须发展代表着未来产业发展方向的循环经济，抢占未来世界经济发展的高地。

三 产业转型升级的形势

伴随全球化的影响加深和自然资源价格上涨，全球产业链发生了结构性变化，表现为发达国家制造业"逆向回流"和发展中国家制造业"高端跃升"并存的局面。历史经验表明，尽管全球生产网络能为

发展中国家融入世界经济提供契机，但能否抓住这个机遇，要看发展
中国家能否在全球价值链中处于主导地位，以及能否形成核心技术、
产业发展模式等具有全球竞争力的比较优势。全球产业发展规律也表
明，产业发展要顺应世界产业结构不断外向化、国际化的客观趋势。
现阶段，我国产业结构性过剩和国内市场潜力存在突出矛盾，这就要
求我国应紧跟当代世界产业发展的主流，积极参与国际分工，改变不
合理的产业结构，促使产业结构加速升级。

此外，由于我国政府长期处于资源配置的主导地位，使我国形成
政府主导的经济体制。这种体制虽然促进了我国产业快速发展，但政
府通过扭曲要素价格刺激经济发展的方式，也使我国形成了粗放式的
产业发展路径。近些年来，为摆脱这种发展路径，我国开始推进产业
转型升级和结构调整，虽然取得了一定成效，但仍存在产品附加值
低、企业效益差等主要问题。探究原因，很大程度上是由于不合理的
自然资源、生态环境要素流动通过各产业间的传递作用于产业发展，
阻碍了我国产业的转型。因此，我国要实现产业转型升级，必须降低
自然资源消耗和减少污染排放，建设资源环境友好型社会。

党的十八届五中全会提出"创新、协调、绿色、开放、共享"的
五大发展理念，这将发挥绿色发展环保、低碳和循环生产方式的特
点，绿色发展也成为我国有效摆脱产业发展面临自然资源约束、改善
生态环境容量不足的重要路径。中央财经委员会第五次会议要求，支
持上下游企业加强产业协同和技术合作攻关，增强产业链韧性，提升
产业链水平，打好产业基础高级化、产业链现代化的攻坚战。这对发
挥循环经济整合产业链的优势，实现节能减排，加快产业转型升级提
供了重要机遇。

四　园区循环化改造的形势

改革开放以来，产业园区逐渐成为我国经济发展的重要载体和中

坚力量。目前，我国有国家级工业园区 200 多个，省级工业园区 1300 多个，所创造的 GDP 占我国 GDP 总额的 60%，在推动工业化、城镇化进程中发挥了巨大作用。但是依靠廉价土地和优惠政策起步的产业园区在发展中，产生大量废弃物和污染物，并形成了资源浪费和环境污染的路径依赖，制约了园区和企业的进一步发展。如果继续重复这样的发展道路，与资源环境矛盾将进一步加剧，生态系统将进一步失衡，产业园区将无法实现可持续性发展。

面对这种形势，"十二五"规划期间我国开始着手推动园区循环化改造。2011 年 5 月，国家发展改革委、财政部为引导园区进行循环化改造，联合发布了《园区循环化改造示范试点实施方案》。2012 年 3 月发布的《关于推进园区循环化改造的意见》指出，到 2015 年，50% 以上的国家级园区和 30% 以上的省级园区实施循环化改造，同时培育百个国家循环化改造示范园区。2016 年，国家"十三五"规划纲要提出对我国 75% 以上的国家级园区和 50% 以上的省级园区实现循环化改造。

产业共生是循环化改造的一种重要手段，在产业园区内构建产业共生模式，实施能源的梯级利用、废弃物及副产品的循环利用，将这些废弃物或副产品通过园区企业之间的共生网络处理，在提高经济效益的同时，提高能源利用效率、减少生态环境污染，实现产业园区的绿色低碳可持续发展。当前，国家之间的竞争已不仅是产品性的水平竞争，而且是产业价值链的垂直竞争；地区之间的竞争也不仅是彼此生产能力、市场占有和拓展能力的竞争，而且正在向支撑区域功能的产业园区之间的竞争转变。我国要想从根本上提升在全球经济中的地位，就要改变处于价值链低端和竞争低水平位势的不利局面，因此，发展产业共生循环经济产业园区便应运而生。

五　企业转型发展的形势

随着经济社会的发展，企业的生存环境也发生了重大变化，以往以静态和相对稳定为特征的生存环境已经逐步转变为以复杂多变、风险丛生为特征的动态环境。当前的经济环境较以往更为复杂，ICT 的发展和各种经济制度的不断变化，使得企业间的竞争方式实现了从"点"竞争到"线"竞争再到"面"竞争的转变，企业间的交互融合性不断增强，企业间的共生关系朝着多元化的方向发展，企业内部开始进入产业边缘的"长尾"地带，而不同产业的企业也开始跨产业发展。企业间原本"泾渭分明"的主体界限已经开始变得模糊，出现了"水乳交融"的共生形态。

在动荡的市场环境中，企业的发展举步维艰，这必然会导致某些企业选择减少资产与资源的利用，或被另外的企业直接收购，或并购生产链上下游的相关公司，或与其他企业合资设立新的子公司构建起溯源向上的生态产业链，以此来达到降低成本和风险的目的。因此，在产业发展中利用产业共生原理，构建产业链和产业共生网络，产生共生效应，形成高效率、低成本、高价值的产业体系将成为企业得以继续发展的重要途径。

第二节　研究意义

近些年来，我国大力发展循环经济，建立了一批循环型城市、园区、企业，逐步形成了"资源－产品－再生资源"的循环产业链和产业间资源共享、副产品互用的循环经济发展模式，为我国经济发展方式转变奠定了良好基础。但从产业共生的角度来看，我国循环经济园区还存在产业布局不合理、产业结构协同性较低、集成管理体系不完善等现实问题，鉴于我国循环经济园区发展的客观实际，如何以产业共生理论指导循环经济园区的企业按照生态系统的链接关系，形成循环经济发展模式，已经成为循环经济园区实现提高资源利用效率和改善环境双重目标不可回避的重要问题。因此，研究基于产业共生的园区循环经济发展模式具有重要的理论价值和现实意义。

一 推进生态文明建设的内在要求和主要内容

党的十八大报告在论述如何大力推进生态文明建设时指出，要"发展循环经济，促进生产、流通、消费过程的减量化、再利用、资源化"。因此，发展循环经济是推进生态文明建设的内在要求和重要内容。循环经济是一种与环境相和谐的经济发展模式，是"资源－产品－再生资源"的闭路反馈式循环过程。与传统的高开采、高消耗、高排放和低利用"三高一低"的发展模式相比，循环经济按照 3R（Reducing、Reusing、Recycling）原则，形成了低开采、低消耗、低排放和高利用"三低一高"的发展模式，最大限度地减少了初次资源的开采，最大限度地利用了不可再生资源。而产业共生是指在各产业系统之间形成资源配置合理、能量高效使用、废弃物综合利用的生态网络，即通过物质集成、能量集成、信息集成的平台体系，某个产业产生的副产品或废弃物资源能够作为另外一个产业生产所需的能量或原辅材料，使多个产业之间构成共生的生态网络，与循环经济有着密切的关系。

近年来，我国生态环境质量持续好转，出现了稳中向好趋势，但成效并不明显，生态环境依然脆弱，生态安全形势依然严峻，区域性、结构性环境风险依然突出，守住环境安全底线的任务尤为艰巨。生态文明建设正处于压力叠加、负重前行的关键期，要顺利度过这个时期，我国需要摆脱粗放型经济发展模式，形成集约高效型经济发展模式，提高再生资源综合利用效率，减轻对原生资源的过度依赖，有效缓解资源瓶颈带来的制约。而基于产业共生的循环经济发展模式恰恰可以实现这个目标，该模式要求用较少的原料和能源投入来达到既定的生产目的或消费目的，从经济活动的源头就注意节约资源，对生产制造过程中产生的废弃物进行回收和综合利用，在更大范围内实现资源的充分利用，从而能够避免大规模资源浪费和生态环境破坏，让我国经济在一定的资源环境约束条件下，实现长久发展的生态文明建设目标。

二 推动经济高质量发展的重要抓手和必然选择

党的十九大报告明确指出，我国经济进入新旧动能的转换时期和由高速增长阶段转向高质量发展阶段。高质量发展是我国经济发展中的一场深刻变革，也是我国未来发展的核心和政策出发点；是标本兼治的经济发展战略举措，也是适应经济发展新常态的主动选择，更是适应我国社会主要矛盾变化的必然要求和建设现代化经济体系的必由之路。高质量发展充分融合和体现绿色发展理念，绿色发展既是经济高质量发展的重要动力和战略举措，也是推动产业共生和循环经济的主要特征。高质量发展要求促进经济绿色低碳循环发展，促进传统产业优化升级，构建绿色产业链，这正是产业共生和循环经济的功能作用体现。

产业共生和循环经济模仿自然生态系统，聚焦于废弃物资源化、资源共享与副产品互换，充分挖掘各产业间副产品和废物资源的耦合关系，推动上游企业副产品变为下游企业原材料，实现废弃物资源的再生利用，使产业链紧密耦合、资源能源高效利用闭合流动、上下游企业结成利益共沾、风险共担的经济共同体式循环体系。同时按照绿色低碳循环发展要求改造传统产业、淘汰落后产能，推动产业转型升级，提高产业发展质量和效益推动绿色发展，为实现我国经济高质量发展提供新思路、激发新动能，成为我国经济高质量发展的重要抓手和必然选择。

三 加快产业转型升级的现实需要和有效路径

我国正处于推动产业转型升级、加快转变发展方式的关键时期。

从当前的形势来看，加快产业转型升级需要制定和实施有利于资源节约的产业政策，把调整产业结构放在更加突出的位置，降低产业发展对资源特别是能源的依赖；综合运用经济、法律和行政手段，提高资源消耗大、污染严重产品的市场准入门槛，限制和淘汰浪费资源、污染环境的落后工艺、技术、产品和设备；转变经济增长方式，走新型工业化道路，从根本上解决产业发展面临的资源约束和环境压力；结合供给侧结构性改革要求，不断加大环保限产力度，以循环经济园区构建产业共生模式来推动产业转型升级的功能。

基于产业共生的循环经济发展模式作为实现节能减排、调整经济结构和转型发展方式的重要措施，能够在产业结构高度化、产业结构合理化和产业结构生态化等方面不同程度地促进产业转型升级。一是能够加快产业结构从较低级形式向较高级形式的转变进程，提高资源利用效率高的产业比重，减少或淘汰资源浪费严重、资源再利用率低的产业；二是能够增强产业之间有机联系和耦合，适度关联产业规模以及均衡产业联系比例和增长速度；三是能够在不同产业之间构建类似于自然生态系统的相互依存的产业生态体系，逐步将整个产业结构对环境的负外部效益降低到最低限度。因此，产业共生模式是加快产业转型升级的有效路径。

四　实现区域可持续发展的应有之义和必由之路

可持续发展是既符合当代人类的需求，又不至于损害后代人类满足其需求能力的发展方式。它既考虑全人类的利益，也考虑到世世代代人类的利益，目的就是实现人与自然和谐发展。改革开放以来，我国经济多年持续高速增长，取得了举世瞩目的成就，但从环境与自然资源角度来看，为经济增长所付出的资源环境代价过大。这种以高投入、高能耗、高增长、低效益的经济增长方式忽视了经济、社会系统对自然环境的影响，往往以对环境的严重破坏与自然资源的快速消耗，来加速经济产出，是一种非可持续的发展方式。

而基于产业共生的循环经济发展模式，则是按照自然生态系统的物质循环和能量流动规律，把物质、能量进行梯次和闭路循环使用，在环境方面表现为低污染排放，甚至零污染排放，把清洁生产、资源综合利用、生态设计等融为一体，实现了经济活动的生态化转向，从根本上解决了在经济发展过程中遇到的经济增长与资源环境之间的突出矛盾，提高了经济发展质量，这正符合可持续发展的要求，是实现区域可持续发展的必由之路。

五 促进绿色发展和绿色消费的战略选择和客观要求

目前，我国存在资源承载能力趋于极限、生态系统不断退化、环境污染日益严重的问题，同时以实现绿色发展为目标的经济增长和社会发展方式还未完全形成，而基于产业共生的循环经济发展模式能够将绿色发展理念贯穿到产业链的各环节和全过程，实现产品的生产、流通、消费等各个环节的绿色化、低碳化和循环化。此外，该发展模式注重绿色创新，综合反映了能效提升、污染减排、循环利用、产业链耦合等绿色管理要求。因此，基于产业共生的循环经济发展模式不仅是贯彻落实绿色发展理念的战略选择，而且符合培育绿色化、经济高质量增长点的客观要求。

自然资源的有限性导致物质财富不可能无限增长，而生活质量却可以不断提高。这就要求消费导向要实现由数量增长向质量提高转变，实现消费的可持续发展。目前，人类的消费方式正在进入绿色消费阶段，与其他消费方式相比，绿色消费实现了人类消费方式的根本性改变，充分体现了人与自然的和谐发展。目前，我国居民的消费行为越来越趋向绿色化、生态化，但还未达到绿色消费的要求。党的十九大报告提出，中国特色社会主义进入新时代，我国社会主要矛盾已经转化为人民日益增长的美好生活需要和不平衡不充分的发展之间的矛盾。随着社会主要矛盾的变化，高质量导向下高耗能、高污染企业和资源型产业正逐渐失去成本优势和市场优势，全社会对绿色消费和绿色产品的需求越来越强烈，这为产业共生发展模式最大限度地发挥绿色属性，满足社会迫切需求提供了广泛的市场基础。

　　基于产业共生的循环经济发展模式所倡导的绿色消费，是一种低消耗和以资源循环利用为基础的新型消费方式，既能够满足人们日益提高的物质消费，也能够满足人们自身发展所需要的精神消费和对生态环境改善的需求。首先，基于产业共生的循环经济发展模式能够满足绿色消费追求环保、低耗消费，崇尚适度消费，反对过度消费的要求。其次，基于产业共生的循环经济发展模式与绿色消费通过对生产的引导，减少资源消耗，保护生态环境的目标相一致。最后，基于产业共生的循环经济发展模式综合考虑到绿色消费所倡导的环境影响、资源效率、消费者权利的现代消费观，以及绿色消费所带来的消费理念、消费结构等方面变革，体现出高品质、高层次的生活方式。因此，基于产业共生的循环经济发展模式对于改变消费模式，减少消费活动对自然环境的负面影响具有重要的作用。

第二章 研究理论基础

产业共生虽是新兴研究的领域，但它的出现是与特定的现实需求相适应的。产业共生的整体形成和发展过程也具有理论体系的支撑。产业共生的理论基础主要包括生态学、产业生态学、循环经济和共生理论。产业共生与这些理论既有紧密的联系，又存在明显的区别。对产业共生的理论基础及相关概念内涵的界定，是研究产业共生模式的基本前提。

第一节 生态学

一 生态学的基本内涵

生态学是研究生物与环境、生物与生物之间相互关系的生物学分支学科。生态学这个词的概念最早是由德国生物学家恩斯特·海克尔（Ernst Haeckel）提出，即生态学是研究生物体与其周围环境（包括非生物环境和生物环境）相互关系的科学。生态学最基本的任务就是研究、认识生物与其环境所形成的结构以及这种结构所表现出的功能关系的规律。生态学的一般内涵大致可从种群、群落、生态系统和人与自然环境四个方面进行概述。

（一）种群

在环境无明显变化的情况下，种群数量的发展趋于稳定。一个种群所在的环境空间和资源是有限的，只能承载一定数量的生物。当种群所在环境空间承载量接近饱和时，如果种群数量再继续增加，那么种群数量的增长率就会下降乃至出现负值，种群数量就会开始减少；而当种群数量减少到一定程度时，种群数量的增长率会再度上升，最终种群数量达到该环境允许的最大的稳定水平。

（二）群落

一个生物群落中的任何物种都与其他物种存在相互依赖和相互制约的关系。常见的关系有：食物链、竞争和互利共生。对于食物链关系而言，居于相邻环节的两种物种的数量比例有保持相对稳定的趋势，例如，捕食者的生存依赖于被捕食者，其数量也受被捕食者的制约，而被捕食者的生存和数量也同样受捕食者的制约，两者之间的数量保持相对稳定。对于竞争关系而言，物种间常因利用同一资源而发生竞争，例如，植物间争光、争水、争土壤养分；动物间争食物、争栖居地等。长期的进化竞争促进了物种的生态特性的分化，使竞争关系得到缓和，生物群落产生一定的结构，例如，森林中既有高大喜阳的乔木，又有矮小耐阴的灌木，各得其所；林中动物有昼出夜出之分，互不相扰。对于互利共生关系而言，物种间表现出一定的相互依赖关系，例如，地衣中菌藻相依为生，大型草食动物依赖胃肠道中寄生的微生物帮助消化，以及蚁和蚜虫的共生关系等。以上几种关系使生物群落呈现复杂而稳定的结构。

（三）生态系统

生态系统是由生物群落及其生存环境共同组成的动态平衡系统，是生态学研究的基本单位，也是环境生物学研究的核心问题。生物群落由存在于自然界一定区域内并互相依存的一定种类的动物、植物、微生物组成。生物群落内不同生物种群的生存环境包括非生物环境和生物环境。生物群落同其生存环境之间，以及生物群落内的不同种群生物之间不断进行着物质交换和能量流动，并处于互相作用和互相影响的动态平衡之中，这样就构成了动态平衡的生态系统。

（四）人与自然环境

人与自然环境是相互联系、相互依存、相互渗透的关系。一方面，人是自然的一部分，人类的存在和发展时刻离不开自然环境，必然要通过生产劳动同自然环境进行物质、能量的交换；另一方面，人与自然之间又是相互对立的。人类为了更好地生存和发展，要不断地改变自然界的自然状态，而自然环境又竭力要恢复到自然状态，以反抗人类的改造活动。

二　生态学的基本原理

（一）生态平衡与生态阈限原理

生态平衡是指生态系统的动态平衡。在这种状态下，生态系统的结构和功能相互依存、相互作用，从而使之在一定时间、一定空间范围内分别通过制约、转化、补偿、反馈等作用处于最优化的和谐状态，表现为能量和物质输入和输出动态平衡。在外来干涉条件下，平衡的生态系统通过自我调节可以恢复到原来的稳定状态。生态系统虽然具有自我调节能力，但只能在一定范围内、一定条件下起作用，如果干扰过大超出了生态系统本身的调节能力，生态平衡就会遭受破坏，这个临界限度被称为生态阈限。

（二）生态位原理

生态位是在生物漫长进化过程中形成的在一定时间和空间拥有稳定的生存资源（食物、栖息地、温度、湿度、光照、溶氧、盐度等），尽量获得最大生存优势的特定生态定位。生态位的形成，有效地利用了自然资源，减轻了不同物种之间的恶性竞争，使不同物种都能获得各自的生存优势，这是自然界各种生物欣欣向荣、生生不息的原因所在。

（三）物质循环再生原理

生态系统中生物借助能量的不停流动，一方面，不断地从自然界摄取物质并合成新的物质；另一方面，又随时分解为原来的简单物质，即"再生"，重新被系统中的生产者所吸收利用，不断进行物质循环，避免环境污染及其对生态系统持续发展的影响。

第二节　产业生态学

一　产业生态学的基本概念

目前，产业生态学虽然还没有标准的定义，但它普遍被认为包括以整体、系统、综合的观点看待产业活动与生物圈的关系，强调人类活动的生物物理基础（例如，产业系统内部和外部物质流动模式）和考虑技术的活力两个关键因素。产业生态学的主要目标是通过重组产业系统，构建与生物圈协调相处的发展模式，实现长期可持续发展。产业生态学不仅关注环境污染问题，同时也关注技术、经济过程，商业内部关系，政府制度和决策等社会经济系统范畴的问题，实施产业生态学通常从优化资源利用，闭合物质循环以及降低或消除不可再生资源使用等方面开展实践应用活动。

二　产业生态学的主要层次

产业生态学主要包括三个层次。一是企业内部的微观层次。产业生态学通过设计面向环境的清洁生产技术，预防污染，降低物质和能源消耗，提高生态效率。二是企业之间的中观层次。不同企业之间通过产业共生措施、建设产业生态园区，或通过产业共生链、部门供应链，实现产品生命周期的绿色发展。三是区域之间宏观层次。企业通过运用物质流分析和能流分析等方法，应用物质减量化和脱碳等技术方案，利用区域产业结构、经济结构和能源结构的集成模式，促进工业系统、社会系统和自然系统的和谐发展。其中，企业之间的中观层次和区域之间宏观层次是产业共生关注的重点。

第三节　循环经济

一　循环经济的起源与发展

循环经济思想萌生于环境保护思潮和运动兴起。20 世纪 60 年代，美国经济学家 K. 波尔丁指出，地球如果像宇宙飞船一样，用资源满足自己需要并留下废弃物，那么到资源用尽、飞船舱内充斥垃圾的时候，最终地球也会如宇宙飞船一样毁灭。如果地球要避免因资源枯竭而毁灭的命运，人类就必须采取新的生产方式，把对环境的危害程度最小化；进而 K. 波尔丁引入循环经济概念以实现他对经济发展的设想。1968 年，罗马俱乐部提出人类经济增长的极限问题。1972 年，罗马俱乐部发表《增长的极限》研究报告，专门写了《人均资源利用》说明资源循环问题。20 世纪 80 年代，循环经济也拓展了可持续发展研究，把循环经济与生态系统联系起来，联合国世界环境与发展委员会撰写的总报告，探讨了通过管理来实现资源的高效利用、再生和循环问题。1989 年，联合国环境规划署制定了《清洁生产计划》，大力推行以清洁生产转变经济增长方式，逐渐将清洁生产、资源综合利用、生态设计和可持续消费等融为一体的循环经济战略。20 世纪 90 年代，知识经济研究为循环经济赋予了高科技产业化和学习型社会的内容。可持续发展战略确定后，世界各国环境治理方式逐渐从"末端治理"的思维定式转向"源头预防""全过程控制""消除造成污染的根源"的治理方式，循环经济逐渐被认为是实施可持续发展战略最重要、最现实的发展模式。

二 循环经济的理论基础

循环经济的基本理论包括以社会子系统、经济子系统和生态环境子系统为主要内容的系统论原理，贯穿企业生产全过程的清洁生产原理以及将生态系统视为经济系统基础的生态经济学理论。循环经济学是在以上原理和理论的基础上逐步形成和完善的，循环经济学旨在实现经济、社会与生态的和谐统一，协调发展。循环经济学与系统论、清洁生产和生态经济学等相关原理和理论之间的关系如图 2-1 所示。

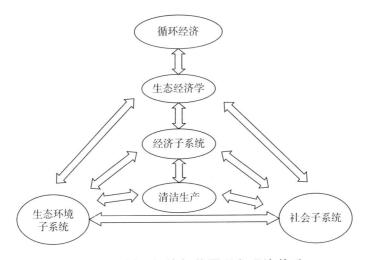

图 2-1 循环经济相关原理和理论关系

(一) 系统论原理

一般认为，系统是具有特定功能的由相互制约的各部分组成的有机整体。系统论包括自组织和他组织两种理论，其中，自组织理论认为，系统不受或很少受外界指令的干扰，自发形成、生长、发展、运行、老化、解体，并且内部各组分保持协同一致。自组织构成的系统对应着一定的宏观结构或功能，其形成是一个具体且复杂的过程。他组织理论认为，他组织是以利用、改进、控制自组织系统为目的，经过人工设计、组建、控制、管理的系统。系统理论的基本思想就是把一定环境中由若干相互联系与作用的要素组成的具有特定结构和功能的要素集合看作一个有机整体，并全面、开放、持续、动态地看待整体和有关问题。系统论是循环经济学的重要理论基础，它主要有如下基本原理。

1. 整体性原理

整体性原理强调要素与系统之间不可分割，是一个整体。要素与环境及各要素之间相互联系与作用，使系统呈现各单一要素所不具备的整体功能，表现出"整体大于各部分之和"的效应。该原理还要求人们从系统整体层面上去认识、考察和把握一个系统及其分要素和子系统。

2. 联系性原理

联系性原理强调系统内部各要素之间的联系，并通过这种联系与相互作用来实现其整体功能、体现其整体属性；强调系统与外部环境之间的联系，并认为一定的环境是系统存在、发展和发挥其功能的重要条件，且系统在和外部环境相互联系与作用的过程中必然会发生物质、能量和信息的相互交换。该原理还要求人们要以普遍联系的观点和方法去认识、考察和把握一个系统及其分要素和子系统。

3. 有序性原理

有序性原理认为系统是由纵向有序、横向有序和动态有序过程共同综合构成的。任何系统都是多级别、多层次的有机结构，不同层次系统具有不同性质并遵循不同运动规律。系统内部各层次的有序性体现为高层次系统支配低层次系统、低层次系统从属于大系统，在系统整体中物质、能量、信息的交换按照一定渠道有序进行。系统的有序性越高，结构与功能就越优化，这就要求人们应该尽可能地改善和提高系统的有序性。

4. 动态性原理

动态性原理主要揭示系统状态与时间序列之间的关系，强调系统随时间而发生变化的规律，要求人们必须以动态发展的眼光和思维去认识、考察和把握一个系统及其分要素和子系统，如果不能得到及时、有效地遏制，系统就会走向崩溃边缘甚至崩溃。

（二）清洁生产

1976 年，巴黎"无废工艺和无废生产国际研讨会"提出的"消除造成环境污染的根源"的思想是清洁生产概念的雏形。1979 年，欧共体（欧盟的前身）开始施行清洁生产的政策。1989 年，联合国提出清洁生产的概念。迄今为止，清洁生产被普遍认为是一种对生产过程与产品采取的综合整体预防环境策略，以改进节约方式提高生产效率，消除环境污染及降低人体健康风险，实现从末端治理向生产过程阶段控制。

清洁生产主要包括三个方面的含义。一是对于清洁生产的利用资源。不断地改进设计，从源头削减污染，使用清洁的能源和原料，尽量不使用有毒害的材料。二是对于清洁生产的生产技术。采用先进的技术和工艺设备，对原材料和中间产品进行回收综合利用，提高资源利用效率。三是对于清洁生产的过程控制。生产原料的使用，物料的转化和产品的生产均处于全过程控制状态。清洁生产作为综合环境战略，包括生产和产品周期两个全过程控制。清洁生产依靠各种手段工具实现包括清洁生产审计、生命周期评价、环境管理体系、生态设计、环境标志和环境管理会计等过程控制。

（三）生态经济学

20 世纪六七十年代，罗马俱乐部的《增长的极限》认为单独依靠技术无法解决人口增长和生态环境污染之间矛盾的问题，引发人类对经济社会发展与生态环境之间关系的深入思考。20 世纪 80 年代末，50 多位科学家参与组织成立国际生态经济学会（ISEE），开创了生态经济学。1994 年，我国政府制定了《中国 21 世纪议程》，该议程从清洁生产、自然资源保护与利用、环境污染控制、消除贫困与家居环境建设、生物多样性保护与地球大气层保护等领域全面实施国家可持续发展和重点领域项目。

生态经济学是研究生态系统与经济系统之间关系的学科。生态经济学研究该复合系统的结构功能、物质循环、能量转化和价值增值规律及其应用，弥补了生态学只研究生态系统的不足。生态经济学提倡从新的视角分析研究生态系统和经济系统之间的关系及规律。生态经济学的生态系统层次、能量递减规律等为循环经济学提供了大量的理论依据。

三　循环经济的内涵

循环经济是在全球人口剧增、资源短缺、环境日益污染和生态蜕变严重的情况下，人类重新理性地认识自然界、尊重客观规律、探索经济规律的产物。循环经济倡导的是一种与自然生态和谐共存的经济发展理念，是对传统增长模式的根本变革。循环经济以资源的高效利用和循环利用为核心，以"减量化、再利用、资源化"为原则，以低消耗、低排放、高效率为基本特征，通过废弃物或废旧物资的循环再生利用来发展经济。

循环经济是人类对难以为继的传统发展模式反思后的创新，是对人与自然界关系在认识上不断演进的结果，是从机制上消除长期以来环境与发展之间尖锐冲突，实现可持续发展的途径。循环经济将传统的经济增长方式由"资源－产品－废物排放"的开放模式转化为"资源－产品－再生资源"的封闭模式。循环经济要求运用生态学规律来指导人类社会的经济活动，强调多环节、多组合、全过程的清洁生产，做到生产和消费效益最大化、污染最小化、废物资源化和环境无害化，以最小的成本获取最大的经济效益、社会效益和生态效益。

虽然不同学者和机构从不同的侧面、不同的角度对循环经济的内涵提出了不同的看法，但这反映了生态经济的观点得到了一定的认可。当然，学术界对于循环经济本质和内涵的界定还存在一定差异。产生差异的原因在于学者们对循环的资源和循环的方式有不同的认识，可以大致区分为"狭义循环经济"和"广义循环经济"。"狭义循环经济"认为，循环经济是通过废弃物或废旧物资的循环再生利用来发展经济，也就是利用社会生产和消费过程中产生的各种废旧物资进行循环、利用、再循环、再利用以至不断循环的经济过程。"广义循环经济"认为，循环经济就是把经济活动组织为"资源－产品－再生资源"的反馈式流程，使所有资源都能不断地在流程中得到合理开发和持久利用，使经济活动对自然环境的不良影响尽可能降低到较小程度。

四　循环经济的原则

循环经济遵循 3R 原则，即减量化（Reducing）、再利用（Reusing）、再循环（Recycling）。减量化原则的目的在于减少从外界输入的物质量；再利用原则目的在于延长产品的使用寿命并节省资源；再循环原则目的在于将废物变成可利用的资源，实现资源利用最大化。

（一）减量化

减量化（Reducing）原则以资源投入最小化为目标。减量化原则针对的是输入端，旨在减少进入生产和消费过程中的物质和能源流量。并通过预防的方式而不是末端治理的方式来避免废弃物的产生，最大限度地减少对不可再生资源的开采和利用，并应用替代性的可再生资源，尽可能地减少进入生产、消费过程的物质流和能源流，对废弃物的产生和排放实行总量控制。在生产中，生产者可以通过减少每个产品的原料使用量，通过重新设计制造工艺来节约资源和减少污染排放。在循环经济发展运行中减量化原则是首要的原则。

（二）再利用

再利用（Reusing）原则以废弃物利用最大化为目标。该原则属于过程性方法，目的是延长产品和服务的时间，尽可能多次或以多种方式使用物品，避免废弃物过早地成为垃圾。针对产业链的中间环节，制造商和生产者应采取产业群体间的精密分工和高效协作的方法，延长产品、废弃物的转化周期，实现资源使用效率最大化。

（三）再循环

再循环（Recycling）原则以污染排放最小化为目标。针对产业链的输出端的废弃物，制造商和生产者通过对废弃物的多次回收利用和资源闭合式良性循环，实现废弃物的最少排放。再循环原则是输出端方法，能把废弃物再次变成资源以减少废弃物的最终处理量和排放量，也就是我们通常所说的废品的回收和综合利用。

五　循环经济的层次

循环经济系统具有层次结构，其结构分为企业循环经济、园区循环经济和社会循环经济三个层次。企业通过发展生态产业在内部形成一个循环系统，在此基础上建立不同企业共享资源和互换中间产品的共生模式，先形成企业之间的小循环，再发展园区循环经济的中循环，最终实现社会大循环。

（一）企业循环经济

构建企业内循环体系是循环经济在微观层次上的体现。以一个企业为单位实现清洁生产，使所有的资源、能源都得到有效的利用，最终达到无害排放或污染零排放的目标。根据循环经济的理念，推行清洁生产，是从原料的开采、生产制造、消费使用、废弃物处理的全过程来评估产品对环境的影响程度，是减量化原则的具体体现，也是一种微观循环经济发展方式。在微观循环经济发展方式中，企业尽力减少产品和服务的物料使用量、减少产品和服务的能源使用量、减少有毒物质的排放。同时，企业加强物质的循环使用能力、最大限度地利用可再生资源，提高产品与服务的强度和耐用性。

（二）园区循环经济

构建企业之间的"物质代谢"和"共生关系"，形成具有产业生态链的循环体系是循环经济在中观层次上的具体体现。单个企业的清洁生产和企业内循环有一定的局限性。因受技术工艺的限制，企业内循环成本较高，需要通过建立生态工业园区的方式来实现企业之间的物质流和能量流的循环，把工业废弃物和副产品的排放降低到最低程度。园区层面的中观循环经济就是按照工业生态学的原理，通过生态工业园区内和企业间的物质集成、能量集成和信息集成，形成企业间的工业代谢和共生关系。在生态工业园区内和各企业内部实现清洁生产，做到废物源减少，而在各企业之间实现废物、能量和信息的交换，以达到尽可能完善的资源利用和物质循环以及能量的高效利用，使得园区对外界的废物排放量趋近于零。生态工业园区追求的是系统内各生产过程从原料、中间产物、废物到产品的物质循环，达到资源、能源、投资的最优利用。在这一层次多个企业或产业相互关联、互动发展，每一个生产过程产生的废物都变成下一生产过程的原料，所有的物质都得到了循环往复的利用。

（三）社会循环经济

社会层面的大尺度循环体系建立在企业微观、园区中观循环体系基础之上，是循环经济在宏观层次上的全区域体现。社会层面的宏观循环经济就是要建立起与发展循环经济相适应、实现自然资源消耗和环境负担最小化的循环型经济社会，最大限度地减少对资源过度消耗的依赖，保证对废物的处理和资源的回收利用，保障国家的环境安全，促进经济社会持续健康发展。循环经济最终追求的就是实现宏观循环经济，即在保证自然再生产的前提下扩大经济的再生产，在整个社会经济领域建立人与自然和谐共处的良性循环复合型生态系统，实现经济效益、社会效益、生态效益的高度统一，从而实现经济发展和生态保护的"双赢"。

第四节　共生理论

一　共生理论的起源与发展

我国《岭表录异》记载，寄居蟹和丽海葵经常一起生活，前者受后者毒刺伞的保护，后者则从前者的移动和进食中获得食物。共生（commensalism）一词来源于希腊语。1879 年，德国生物学家德贝里首次提出共生的概念。后经范明特（Famintsim）、保罗·布克纳（Prototaxis）等人发展完善，用于研究生物之间按某种物质联系而相互、依附生活在一起，而形成的一种共同生存、协同进化或相互抑制的关系。由此可见，共生关系指的是生物自身内部，以及生物外部各生物之间相互作用而形成互利关系。早期的研究更多地集中在明确动植物之间的寄生关系、依附关系、偏利共生和互利共生关系，以及这些关系的主体所受利害关系的影响程度。例如，南美洲金合欢树和合欢蚁之间的互利共生关系，光合植物与非光合植物之间的共生关系等。

随着学科之间联系的不断加强，以及学科之间的相互渗透，20世纪 50 年代之后，这一主导思想和研究范式逐渐被人文学科所借鉴，包括哲学、社会学、建筑学、城市规划、经济管理等学科领域。由此，共生不仅是一种生物之间的普遍现象，更是被看作一种普遍的社会现象，并对人文学科、社会学科研究产生了重要影响，共生理论也由此不断扩充研究空间，应用于各个学科领域。共生理论作为一种新的世界观、方法论和价值观被不断地充实和应用。

二 共生理论的基本原理

共生理论的基本原理是共生单元进行共生的基础，主要包括质参量兼容原理、共生能量生成原理、共生界面选择原理和共生系统进化原理。

（一）质参量兼容原理

质参量兼容原理是指存在内在联系的两个共生单元之间能够相互表达。简单地说就是组织或个体能够通过产品、信息、资源建立关联。质参量兼容的程度影响共生关系的成立，质参量兼容的方式决定共生模式，例如，合作频繁的企业就能够建立稳定长期的关联。如果兼容是随机性的，那么共生模式应该是点共生模式，如果是连续性的、相对应的，那么共生模式就是连续共生或一体化共生模式。质参量兼容原理是单元之间建立共生关系的基础。

（二）共生能量生成原理

共生进行的本质之一就是有新的能量产生，它表现在提高共生单元生存能力、提高企业的经济效益、扩大企业经济规模等方面。共生度是指两个共生单元或共生系统之间质参量变化的关联度，关联度越高说明共生能量生成的越多。关联度分为生态关联度和总关联度，生态关联度的大小取决于共生单元之间建立生态链的数量多少，总关联度由产品链和生态链二者共同决定。

（三）共生界面选择原理

共生界面的选择对共生单元的质量和数量起决定性作用，并且根据能量生成途径，推断出共生能量的生产和再生都是由共生界面决定的。在信息不完全的情况下，共生对象的选择是相对性选择，也就是说对有限共生对象进行排序，并对优秀者进行选择；在信息完全的情况下，共生对象的选择属于非竞争性选择，选择原则按照亲近度和关联度进行综合选择。

（四）共生系统进化原理

共生系统进化原理认为，共生进化是共生系统的本质，追求平等是每个个体的权利，共生系统朝着对称性互惠连续共生，或一体化共生的方向不断演进，这也是生物界和人类社会进化的根本法则。因此，只有能够识别自然共生系统进化原理，才能更好地构造产业共生系统。

第三章　研究进展

本章主要对产业共生、循环经济、循环经济产业园区的国内外研究进展进行系统总结与梳理。总体上，产业共生作为一门新兴学科，学术界对其研究正处于快速发展期，而对循环经济和循环经济产业园区的研究成果已经比较丰富。

第一节　产业共生国内外研究进展

产业共生是产业生态学的重要组成部分和核心主题，与区域经济学、经济地理学、城市经济学、组织学、系统科学、管理学等学科有着紧密的联系。随着社会进入工业化时代，产业共生理论日益成为应对工业化进程的有效方式，并在后续的研究中不断发展完善。

一　国外研究进展

从文献检索结果来看，国外学者对产业共生的研究起步较早，对产业共生的研究主要集中在产业共生的内涵、产业共生的演进和产业共生的效益分析等三个方面的研究。

（一）产业共生内涵的研究

共生的概念最早是由德国真菌学家德贝里（Anton. Debarry）提出，后经范明特（Famintsim）、保罗·布克纳（Prototaxis）发展完善。共生不仅是一种生物之间的普遍现象，更是一种普遍的经济社会现象。随着人类社会的发展，共生逐渐超出生物学的范畴，被哲学、建筑学、社会学等多个人文社科领域所借鉴。

产业共生的概念最早由 George T. Renner（1947）提出。20 世纪中叶以后，经济学家开始借鉴共生理论的观点，在研究过程中将不同企业间的吸引、竞争、合作和促进等关系比作共生关系。Ayres（1960）提出"产业代谢"的概念并随后研究了"产业生态学"。Frosch & Gallopoulos（1989）认为产业共生是物质和能量的优化消耗，是一个过程输出的中间物质成为另一个过程需要的原材料。丹麦卡伦堡公司出版的《产业共生》一书中给出了较为完整的定义：产业共生是指不同企业之间的合作，通过这种合作共同提高企业的生存和获利能力，同时实现对资源的节约和对环境的保护。此后，经学者们深入的研究，认为产业共生理论应该拓展到更多的领域，不能局限于资源、副产品和生态等要素上。例如，Reid Lifset（1997）将基础设施、服务信息等要素纳入产业共生的范畴，认为这些要素的共享和利用也可以构成产业共生。John Ehrenfeld & Nicholas Gertler（1997）认为产业共生是为企业间相互利用废物以降低环境的负荷和废物处理费用，而建立起的一个产业循环系统。Chertow（2000）认为产业共生是传统的独立产业以协同参与提高企业竞争优势的方法，包括材料、能源、水和副产品的物理上的交换，其关键是在地理距离上提供企业之间合作和协同的可能性。Ehrenfeld（2004）把知识共享、技术创新、学习机制等要素纳入产业共生理论中，这极大地扩大了产业共生理论在经济领域的应用范围。Mirata（2005）认为产业共生是企业间通过物理交换或能源传递，通过知识、人力和技术的交换而形成的长期合作关系。Lombardi 等（2012）基于英国产业共生发展的实践经验，从区域范围、网络中的合作企业以及其他方面重新定义了产业共生。

综上所述，随着研究的不断深入，产业共生的内涵逐渐从公司相互之间的废弃物，或副产品交换，以及公共设施共享扩展到通过物质、能源、水的实物交换和知识、技术等非实物交换领域，并以此获得企业竞争优势。具体而言，一个企业产生的副产物或废弃物通过企业间的交换，成为另一个企业的原材料并用于生产，并使企业在产业共生系统中为达到经济效益的最大化，形成产业集群、共享各种要素资源，实现经济效益和环境效益的双重目标。

（二）产业共生演进的研究

自 Schwartz 等（1997）首次探讨产业共生形成的问题以来，产业共生形成与演进逐渐成为学者研究的重要议题。目前，关于产业共生的演进过程学界并没有形成统一的认识，研究的焦点主要集中在从产业共生演进发展阶段和演进的影响因素两个方面。

1. 产业共生演进发展阶段的研究

学者们主要从自组织过程的角度研究产业共生演进过程。例如，Chertow 等（2007）提出自组织模式下产业共生演进的三阶段模型。第一阶段为萌芽阶段。这个阶段共生关系不受关注且还没有成形，企业大多关心自身的利益，一般有一个或几个核心企业。第二阶段为揭示阶段。这个阶段合作性文化、制度化结构与规范开始形成，可能建立共生协调机构，企业价值观开始扩展。第三阶段为嵌入与制度化阶段。这个阶段形成较为一致的规范，共生范围进一步扩大，网络更具有弹性，社会资本在网络中作用明显，地理界线逐渐弱化。Doménech 等（2011）将产业共生的演进分为形成期、试行期、发展期和扩展期，认为企业间早期的交换行为可能通过自组织或协调的方式进行。此外，也有学者从顶层规划和政府促进等人为干预的角度研究产业共生的演进过程。前者如，Behera 等（2012）以韩国蔚山生态产业园区为例，研究了顶层规划模式下产业共生演进过程的试点阶段、制度化阶段和总结完善三个阶段，并认为无论处在哪个阶段，政府在产业园区发展过程中都起到关键的作用；后者如，Paquin 等（2012）通过分析英国"国家产业共生项目"（NISP）的发展历程，认为 NISP 网络发展前期主要是洽谈活动，该阶段是企业自组织的行为过程，企业通过交流发现区域潜在共生机会，网络发展中期主要为连接活动，该阶段企业采用自组织和目标导向的交互方式，共生关系开始深入发展，信任关系逐渐形成，网络发展后期为共同创造活动，该阶段企业主要采用政府促进的目标导向方式发展，网络趋向成熟与制度化。

2. 产业共生演进的影响因素研究

学者们主要从政策制定、利益驱动、接近性等方面展开分析。例如，Costa 等（2010）在分析废弃物政策干预对产业共生演进的影响后，认为政府制定有效政策是产业共生发展的催化剂。Salmi 等（2012）在分析环境规制的适用性对产业共生的影响后，认为物质流的市场风险致使产业共生的管理问题突出，配套的规制应降低这种风险。Lombardi 等（2012）发现产业共生内部大多数成员受共同利益驱使而形成产业共生。Spekkink（2013）在研究制度能力建立的框架、过程及其对产业共生发展的影响后，认为制度能力的建立有助于企业从战略上形成产业共生。Branson（2016）认为地理位置的接近及金融成本不是产业共生的决定性因素，商业接近才是产业共生的决定性因素。

（三）产业共生效益的研究

长期以来，许多学者关注如何支持产业共生，以及评估产业共生的效益方面的研究。Jacobsen（2006）以卡伦堡为例定量化分析了产业共生所产生的环境效益和经济效益，认为物质交换导致上下游企业经济绩效的提升是驱动产业共生的重要因素，而不是由交换物质本身的价值。随后，许多国家和地区开始实施产业共生方案，各国学者也开始对产业共生所带来的经济效益及环境效益进行定量化分析。例如，Van Berkel 等（2009）以日本川崎市为例，定量化评价了川崎市与周边企业的产业共生，指出企业与企业，企业与城市间通过产业共生进行能源、水和废弃物的交换，能够提高环境资源利用率。Eckelman 等（2009）从工业废弃物再利用的角度，定量化分析了美国宾夕法尼亚州产业共生体系全寿命周期的环境效益。Sokka 等（2011）以芬兰的库沃拉纸浆和造纸园区为例，通过生命周期评估方法，计算了园区能源和温室气体的削减量和减排量。Chertow 等（2011）以瓦胡岛（Oahu）上的 11 个企业为例，研究发现产业共生最大的环境效益表现为减少废弃物的填埋和节约原材料。Jung 等（2013）运用现金流贴现法和多属性整体质量推理法对韩国生态示范园区的经济、环境和社会绩效进行综合分析后，认为生态示范园区中有能量梯级利用的网络具有更好的环境效益。

二　国内研究进展

我国对于产业共生的研究起步较晚。20 世纪 90 年代后期，产业共生一词才被引入。产业共生的早期研究主要侧重于思想依据和理论基础，定性描述较多，定量分析较少。2000 年以后，随着我国产业共生实践与发展，产业共生的研究文献开始明显增多，研究也逐渐侧重于产业共生的具体案例分析。2007 年以后，我国学者对产业共生的研究主要集中于内涵、机理、模式、网络和评价五个方面。

（一）产业共生内涵的研究

袁纯清（1998）首先将共生理论引入经济学领域，并利用共生理论的概念与分析方法对我国小型经济问题进行了较为深入的研究。他认为类似于自然界共生现象，经济领域也存在共生关系，即经济体之间存在某种交流的方式，并对共生做了以下定义：共生就是共生单元之间在一定的共生环境中按照一定的共生模式形成的关系。他同时引入了共生度、共生系数等概念，创新了共生理论的分析方法，为产业共生理论的研究打下了坚实的基础。胡晓鹏（2008）认为产业共生是以独立产业或其业务模块为共生单元的经济现象。共生单元可分为企业、产业、区域和国家等不同层面，不同共生单元之间的组合可划分出不同的共生关系。王靖添（2009）认为产业共生以废弃物交换利用和废弃物闭路循环为核心，通过建立废弃物交换系统实现物质的循环利用和能量的梯级利用。

（二）产业共生机理的研究

随着我国产业园区的发展，学者们研究了园区内企业之间是如何合作，以何种方式驱动以及企业之间是如何运行等问题。例如，王兆华等（2002）运用交易费用理论研究认为，生态工业园区中资产的专用性（包括地理位置的专用性、有形资产的专用性、人力资源的专用性以及优惠政策的专用性等）和交易的频繁性，使得那些客观上具备副产品交易条件的企业形成一个经济活动中心，从而使企业产生建立更为密切交易关系的动力和愿望，企业在空间上的集聚和建立产业共生网络就具备了必要性。杨敬辉等（2004）认为享有共生所带来的外部经济、内化外部不经济是企业寻求共生的动力。佘波（2006）通过对卡伦堡共生体与鲁北集团公司的实证分析，研究了产业共生体的生成机理。袁增伟（2007）从形成产业共生网络的微观要素——企业环境责任入手，阐释产业共生网络中企业的五类环境责任，并探讨企业环境责任的市场化运作模式及约束机制。王贵明（2008）提出经济因素、政府管制和中间组织是产业共生组织形成的主要驱动因素。逯承鹏（2013）把驱动产业共生关系形成的因素分为外因和内因，外因主要表现为共生系统外部干预，而内因主要表现为系统内部的推动力。

（三）产业共生模式的研究

产业共生模式是产业共生理论的主要部分和核心之一。从微观角度来看，产业共生模式是两个部门或企业之间的合作关系。从宏观角度来看，产业共生模式是行业内产业链上不同行业的组合形式。国内学者对产业共生模式的研究主要集中在模式的类型和模型的稳定性两个方面。

1. 产业共生模式类型的研究

产业共生模式类型的研究主要集中在企业层面、产业层面、园区层面和区域层面四个方面。对于企业层面的产业共生模式，赵婷婷等（2011）在研究中小企业与大企业产业共生模式时，提出点 - 点、点 - 面、面 - 面、虚拟型和生态工业园五种模式，并对每种模式的利弊及适用范围进行了全面分析。对于产业层面的产业共生模式，学者们主要从构建产业共生链方面进行了探讨。例如，汪安佑和王靖添（2007）研究了电力 - 水泥产业共生循环经济模式。张秀娥和何山（2009）研究了汽车产业集聚地区的链式演进模式。南岚（2009）研究了港口物流产业的链式、层状、星式的共生关系。查明珠等（2013）基于共生视角探析了农业产业链的运作模式。史宝娟和郑祖婷（2015）提出了京津冀的产业共生三维立体循环模式。对于园区层面的共生模式研究，孙博等（2011）在对矿区生态产业共生模式研究中，提出了根据共生行为方式划分的寄生、偏利共生、互惠共生模式，根据共生的组织模式划分的点共生、间歇共生、连续共生与一体化共生模式，根据共生运作方式划分的依托型共生、平等型共生、嵌套混合共生模式，根据共生单元关系方向划分的纵向共生、横向共生和网络型共生模式。王建（2012）根据产业的合作关系将工业园区的共生模式分为依托型、平等型和嵌套型三种类型。对于区域产业共生模式研究，李虹（2008）描述了产业共生循环经济的村镇模式。张亚男和沙景华（2008）提出了区域产业共生循环经济模式。王靖添（2009）提出运行于企业、园区、地区、省区及跨省域的"五角三维型"产业共生循环经济模式。

2. 产业共生模式稳定性的研究

产业共生模式稳定性的研究主要从产业共生系统节点的稳定性和生态产业链的稳定性两个方面展开研究。前者如，刘宁等（2009）通过分析节点间相互关联企业之间污染物循环利用的关系，建立了生态产业共生系统中企业之间污染物循环利用共生经济学模型，研究了生态产业共生系统的节点稳定性。后者如，王国弘（2009）应用熵理论从生态企业间相互关系入手，对生态产业链的稳定性进行了研究。苏楠和吴贵生（2011）、杨丽花和佟连军（2012）、余迎新等（2015）选取 SNA 对产业共生稳定性进行了分析。程潇君（2014）通过计算共生度、关联度和耦合度分析了合肥市高新区的共生链网稳定性。

（四）产业共生网络的研究

产业共生网络大体从组织特征、技术和管理体制三个方面展开研究。组织特征研究方面，产业共生网络的组织特征并非一成不变的，区域之间资源的要素禀赋、市场发展以及政策都会引起产业共生网络的阶段性特征差异。例如，杨丽花和佟连军（2012）研究了共生网络的簇系数、特征路径长度和核心边缘结构特征，发现广西贵港生态工业园和丹麦卡伦堡产业园都没有表现出小世界网络的复杂特征。唐玲等（2014）研究了产业共生网络的中心性特征、节点的异质性以及网络集聚特征等，对产业园区企业间的连接关系进行了更加直观的展示。刘光富等（2014）从废弃物资源化的角度对城市共生网络组织结构进行研究，提出了基于理性选择的企业间自发形成的自组织共生网络、以政府为主导的顶层规划共生网络以及多重机构相互作用的政府促进共生网络三种形式，并认为相比之下政府促进共生网络具有更好的弹性。技术方面的研究主要利用企业清洁生产技术、废物资源交换利用技术、废物回收和再循环技术、资源替代技术等，来构建企业或产业间废物交换及利用网络，以实现资源的利用效率的提高。管理体制方面的研究主要是强调产业网络的运作管理，认为通过提高认识和强化管理可以达到节约资源和减少污染的目的。

（五）产业共生评价的研究

科学评价产业共生发展水平是当前产业共生理论研究的热点和难点。近年来，国内学者主要从效率角度对产业共生评价进行研究。例如，甘永辉（2008）将工业共生效率定义为工业共生系统的共生效益与共生成本的比值。刘宁等（2008）以生态效率和产业生态学理论为基础，采用主成分分析方法对产业共生系统构建分析生态效率。席旭东（2009）运用生态效率原理提出了矿区生态工业共生效益测算方法并进行了实证。程会强（2009）认为形成共生关系的目的是产生共生效益，其表现为企业形成共生关系后，经济效益以及生态效益的提高，并认为共生效益是衡量生态工业园共生系统运行效率的重要指标。李小鹏（2011）建立了包括经济发展、成本节约、资源消耗和污染排放的生态工业园生态效率评价指标体系。此外，也有学者关注产业共生效益研究。例如，冯久田等（2003）采用网络分析方法定量分析了山东鲁北化工园区内企业间废弃物和副产物的循环利用产生的效益。段莎莎（2017）采用生命周期方法定量分析了大连松木岛化工园区的产业共生环境效益，认为能源的梯级利用是目前园区产业共生的主要交换形式。

三 研究综述

通过梳理产业共生研究成果可以发现，国内外学者已经从不同角度对产业共生问题进行了富有成效的研究。总体上，国外研究逐渐从理论研究过渡到以案例为主的实证研究，研究成果主要集中在成功的产业共生案例方面。而国内对产业共生的研究还处于起步阶段，逐渐从案例研究转向理论研究，研究成果主要集中在产业共生的概念内涵、形成机理、关系模式和共生评价等方面。具体而言，对概念内涵的研究主要从废弃物资源化的角度进行研究，对形成机理的研究主要从副产品的合作与构建产业共生链的角度展开分析，对关系模式的研究主要从企业、产业、园区和区域四个层面展开研究，对共生评价的研究主要从效率的视角进行研究。

随着对产业共生研究的深入，对其研究也越来越注重定量化分析。当前，对产业共生可操作性的定量研究相对较少，不少研究从多个方向对产业共生进行纯理论方面的探讨，忽略了与产业共生实践过程的相结合分析。具体而言，一方面，在定量化评价产业共生模式研究中没有建立起统一的评价指标体系，从而降低了研究结果的可比性和有效性；另一方面，关于产业共生模式的研究角度分散且缺乏理论框架，理论研究明显滞后于实践发展。因此，未来研究应该在总结大量产业共生实践案例的基础上逐步建立评价指标体系，为产业共生模式的优化、稳定性和效率评估提供理论依据。

第二节　循环经济国内外研究进展

目前，国内外学者对循环经济已经做了大量的研究。国外学者对循环经济的研究是基于进入后工业化时期人类化解资源环境危机的需要，国内学者对循环经济的研究则是基于我国正处于快速工业化、城镇化阶段以及经济发展处于粗放型向集约型转变时期的改革需要，二者所处的时代背景有所不同，研究的侧重点也有所区别。国外学者侧重于循环经济发展实践的研究，而国内学者则侧重于循环经济发展模式和评价的研究。

一 国外研究进展

国外学者对循环经济的相关研究起步比较早。随着工业革命后西方资本主义国家的社会化进程加速，环境问题日益凸显，国外学者开始关注经济发展与环境问题之间的矛盾，相关的研究成果开始不断涌现。

(一) 循环经济理论内涵的研究

国外学者主要从资源环境经济学以及生态经济学的角度来研究循环经济的内涵。17 世纪末期，英国古典经济学家就表示社会经济增长是受到生态资源制约的。恩格斯（1876）在《自然辩证法》中告诫我们"不要过分陶醉于我们对自然界的胜利"。蕾切尔卡逊（1962）的《寂静的春天》唤起了人们对环境保护的意识，引起经济学家对社会经济发展的深度思考。

20 世纪中叶，美国经济学家肯尼斯·鲍尔丁（Kenneth Boulding，1960s）提出的"宇宙飞船经济"（Spaceship Economy）理论，成为循环经济思想的起源。巴里·康芒纳（Barry Commoner，1974）认为环境和能源危机所反映的问题，证明了短期内获利的经济体系是以污染环境为代价的，缺乏可持续性，而且这种体系没办法由简单的技术变动或纳税规划的更改来解决。英国环境经济学家皮尔斯和图奈（D. W. Pearce & R. K. Turner，1990）在 *Economics of Natural Resources and the Environment* 一书中依据可持续发展提出了资源管理原则，也第一次提出了循环经济模型。20 世纪末，国外学者开始关注于节能、减排、治污以及资源循环再利用的技术问题。莱斯特·R. 布朗（2002）在《生态经济：有利于地球的经济构想》中指出了经济系统与生态系统的从属关系，这为人们研究经济发展与自然发展提供了一个新的方向。罗杰伯曼（2002）首次提出了循环经济的概念。艾瑞克戴维森（2003）在《生态经济大未来》一书中指出了政府在制定政策中应注重发展绿色经济的重要性。

（二）循环经济发展评价的研究

科学评价循环经济发展水平是当前循环经济发展理论研究的热点和难点。近些年，国外机构和学者对可持续发展和循环经济评价研究成果颇丰。被经济合作和发展组织（OECD）采用的"生态效率"环境管理评价指标、欧盟提出的环境绩效指标（EPI）和生态指标、美国3M公司的废弃物产生率、荷兰制定的气候变化指标和由英国得利公司（ICI）所属公司CMO制定的环境负荷指标（ELF）等是常用的指标。

（三）循环经济发展实践的研究

德国是世界上发展循环经济最早的国家之一，也是首个以法律形式明确在废弃物领域发展循环经济的国家。1972年，德国颁布了第一部关于垃圾处置法律，从法律上确定了私营企业可以承担垃圾无害化处理业务等重要原则，废弃物管理活动的经济原则也随之在德国社会的方方面面被深入贯彻。1975年，德国首次公布了国家废弃物管理计划，提出了"预防、减量、回收和重复利用""根据污染者付费原则，分担处置成本"等一系列原则。1991年颁布的《包装废弃物处理法》按照"资源-产品-资源"要求生产商和零售商要尽量减少商品包装物，并对其进行回收利用。1994年公布的《循环经济和废物处置法》将循环经济思想拓展到各个相关领域，提出企业在尽量避免产生废弃物的同时，要对已经产生的废物进行循环使用和最终资源化处置的原则。1996年，德国首次在《循环经济与废弃物管理法》中提出了循环经济概念。之后，循环经济概念越来越受到其他发达国家的重视。例如在循环经济立法和能源、资源循环利用方面，丹麦卡伦堡生态工业园最早对循环经济进行了探索，成为生态工业园区的典范，美国杜邦公司率先采用"减量化（Reducing）、再利用（Reusing）、再循环（Recycling）"制造法，极大地减少了资源的消耗，也为循环经济的发展原则奠定了实践基础。

二 国内研究进展

国内学者对循环经济的研究起步较晚。20 世纪 90 年代末，我国才开始从国外引入循环经济概念。在德国颁布《循环经济与废弃物管理法》之后，国内学者开始关注循环经济，并在循环经济的概念内涵、发展模式、发展评价、发展效率及其影响因素等方面做了大量研究。

（一）循环经济概念内涵的研究

国内学者对循环经济的研究主要集中在内涵特征、与清洁生产的关系等方面。前者如，吴绍忠（1998）认为循环经济是控制废弃物的产生和排放，建立了反复利用自然资源的循环机制。诸大建（2000）认为循环经济是不同于高消耗、高排放、高污染的线性经济的一种新的经济发展模式，它形成了自然资源－产品－再生资源的封闭式循环系统。毛如柏（2003）认为循环经济是与传统经济活动模式相对应的闭环物质流动模式。冯之浚（2004）认为循环经济作为一种全新的范式，强调了生产率的提高向重视自然资源利用率的转变。吴季松（2005）认为循环经济是指在资源消耗、产品消费及其废弃的整个过程中持续提高资源利用效率，把传统的依靠资源投入发展的模式转变为依靠生态资源循环发展的经济模式。张连国（2007）认为循环经济系统不可能自发演化，而是在人们把握自然生态系统、经济循环系统和社会系统的组织规律后，人为建构起来的人工生态系统。后者如，孙鸿烈等（1995）对循环经济和清洁生产有专门的论述，强调了对清洁生产的重视。钱易等（2000）认为要将清洁生产与循环经济结合起来，以达到生态文明的最佳效果。曲格平（2003）指出循环经济是清洁生产和对废弃物综合利用的经济，而且清洁生产是实现循环经济的基本途径。

（二）循环经济发展模式的研究

学者在该领域的研究主要集中在模式的选择和模式的运行两个方面。前者如，诸大建等（2005）提出的 C 模式（China），是介于依赖资源不断投入以实现经济发展的 A 模式（增物质化）与通过一系列革命性改革而实现减物质化经济发展的 B 模式（减物质化）之间的发展模式。C 模式（China）也称"1.5～2 倍数"发展战略，具体是指，到 2020 年我国在经济总量翻两番的同时，允许资源消耗和污染产生但限制其最多增加 1 倍左右，即用不高于两倍的自然资本消耗换取四倍的经济增长和相应的社会福利，创造一个 15～20 年的缓冲期，在缓冲期内通过经济增长方式调整达到一种相对减物质化阶段。王延荣（2006）根据我国循环经济内涵和现有实践探索的经验，将我国循环经济发展模式总结为两个重点领域和四个重点产业体系的"2＋4"模式，两个重点领域是指生产领域和消费领域，四个重点产业体系是指生态工业体系、生态农业体系、绿色服务业体系、废弃物再利用资源化和无害化处置产业体系。两个重点领域和四个重点产业体系互相渗透、互相支撑，并不能独立分散地构成各自的循环系统。肖华茂（2007）根据我国国情设计了工业生态园整合模式、虚拟仿生循环模式、企业内部清洁生产模式、工农业融合模式、农户群共生网络模式、以可再生资源利用为核心的区域循环经济模式、商业化专业化的回收处理模式等。此外，还有小循环、中循环和大循环三种不同层次的循环模式，以及小循环、中循环、大循环、废物处置和再生产业或再生资源产业的"3＋1"模式与微循环、小循环、中循环、大循环、超大循环、废物处理和再生产业的"5＋1"模式。后者如，钱易

（2000）指出只有主观上尊重自然，我国循环经济的发展模式才会有效执行并实现可持续发展。王晓光（2003）认为绿色发展的模式要从包装开始，对工业园区进行绿色处理，从整体到局部都是绿色发展。于丽英和冯之浚（2005）指出循环经济是一种促进经济发展和环境发展互利的发展模式，是良性循环过程。

（三）循环经济发展评价的研究

学者在该领域的研究主要从宏观、中观、微观层面提出了相应的评价指标体系。例如，周国梅（2003）借鉴了生态效率概念，对循环经济的评价指标体系进行了初步设计。元炯亮（2003）提出了包括经济指标、生态环境指标、生态网络指标和管理指标的生态工业园区评价指标体系框架。黄贤金（2005）构建了以资源减量投入、污染减量排放、资源再循环利用、经济社会发展及生态环境质量控制层为主的自上而下式树型指标体系。国家统计局"循环经济评价指标体系"课题组（2006）以资源综合利用和环境保护的视角，建立了由资源利用效率指标、资源消耗率指标、资源回收与循环利用率指标等五大部分构成的基本评价框架。崔兆杰（2009）建立了循环经济产业链柔性的评价指标体系和评价方法。匡少平（2010）建立了包括经济、环境、社会系统的循环经济发展评价指标体系，并对青岛市循环经济发展水平进行了评价。刘玫（2011）构建了便于推广的工业和农业的园区循环经济标准体系框架。董鸣皋（2014）基于多指标决策理论，从经济发展、资源循环利用、生态环境保护、科技支撑、社会进步等方面建立了区域循环经济发展综合评价指标体系。

（四）循环经济发展效率的研究

学者们主要从宏观层面、中观层面和微观层面展开循环经济发展效率测算研究。在宏观层面上，王春枝等（2010）、曹孜等（2013）、吕文慧等（2014）、吴力波等（2015）、陈安全（2015）、黄明凤等（2017）分别对西部各省（市、区）、省际、新疆、全国其他各省的循环经济效率进行了测算，得出了东部、中部和西部地区循环经济效率差异显著，东部地区循环经济效率最高且区域内效率水平较为均衡，西部地区循环经济效率水平较低且各地区发展不平衡的一致结论。在中观层面上，袁学英等（2015）将资源利用效率和废弃物循环利用效率等指标纳入评价体系，基于DEA模型计算出资源型城市循环经济发展效率，然后采用案例分析方法，对我国14个资源型城市的循环经济效率进行评价。张明斗（2016）对我国29个省区地级以上城市的循环经济发展效率分别进行了动态和静态测评。胡彪等（2017）在考虑环境负效应影响的前提下，运用SBM模型测评了京津冀地区13座城市的循环经济发展效率。在微观层面上，邵留国等（2014）基于经济、社会和环境三个子系统，建立了火电行业循环经济评价体系，发现火电行业的循环经济效率整体水平较低，尤其是其社会和生态子系统效率低下。贾国柱等（2014）对我国31个省市的建筑业循环经济效率进行了评价，发现我国建筑业循环经济效率总体在上升，规模效率也逐渐趋于最优。宾厚等（2018）将污水处理量、废水处理量和固废处理量等非期望投入纳入投入指标，同时将污水外排量、废气外排量和固废外排量等非期望产出纳入产出指标，计算了我国包装产业的循环经济效率。

（五）循环经济发展影响因素的研究

吴宝华（2011）认为循环经济的影响因素可以划分为直接因素、间接因素和机制性因素。间接因素影响循环经济模式的选择，机制性因素对间接因素、直接因素及循环经济发展模式选择都具有重要的影响。陶信平（2011）从3R原则出发，指出西部地区循环经济发展主要受到自然资源、生态环境和区域经济发展水平的影响。姜谨

（2013）指出循环经济效率主要受到地区经济发展水平、技术发展水平、人均自然资源、环境规制、国际贸易压力和产业结构调整水平的影响。陈翔等（2015）以我国造纸业为例，研究了区域循环经济效率影响因素，发现经济发展水平与产业规模对产业循环经济效率的影响最为明显，其次是城市化水平、科研投入和环境污染治理投入。

三　研究综述

通过梳理产业共生研究成果可以发现，循环经济的概念提出之后，世界各国对循环经济的研究都取得了显著的成果。同时，也可以发现国内外对循环经济的研究具有以下共同点。一是国内外循环经济发展都强调制度上的鼓励以及法律上的支持，各国政府为了推动循环经济发展均提供了相应的法制保障。二是面对日益严峻的生态环境压力，国内外学者都对传统发展模式进行了反思，并提倡可持续的发展模式，强调国家、企业和个人均需要注意节约资源，鼓励环境友好的生产生活方式。不同的是，国内学者从宏观层面到微观层面更加重视循环经济发展的效率问题，并且主要研究循环经济评价体系的建立和发展模式的选择方面的问题。但我国由于引入循环经济概念的时间不长，在循环经济的实践上还缺乏丰富的经验，对循环经济的实践研究还需要进一步深化。

第三节　循环经济园区国内外研究进展

由于循环经济园区是发展循环经济重要的空间载体，国内外学者对循环经济园区的研究成果颇多。总体上，国内外学者均侧重包括保障措施、规划布局和绩效评价等循环经济园区实践的研究。

一　国外研究进展

国外关于循环经济园区的研究，主要集中在产业园区循环经济机理和产业园区循环经济保障措施两个方面。

（一）产业园区循环经济机理研究

该领域的研究主要集中在运行机制、驱动机理等方面。例如，William D. Nordhaus（1992）认为应在工业生态园发展中引入竞争机制，企业之间应当模拟生态系统建立紧密联系，且政府应通过完善税收体制调节与产权制度改革，减少环境污染。Jorgen Christensen（2004）在对卡伦堡工业园区的实践经验归纳后认为，利益驱动是工业生态园区循环经济发展最有力的驱动力。G. Kjaerheim（2005）认为清洁生产在循环经济发展效率提高，降低污染物排放，减少资源和能源消耗方面具有重要的作用。

（二）产业园区循环经济保障措施研究

该领域早期的研究主要集中于对产业园区环境政策的分析。随着产业园区的发展，该领域的研究逐渐从环境角度向政府对直接命令和控制的税收、土地、人才供给、循环经济生产标准等方面延伸。例如，B. Long（1997）在较为全面和系统地总结循环经济保障措施的研究的基础上，认为大多数研究重点集中于与保护环境相关的政策方面。Deog-seong 等（2005）重点研究了以韩国DTV项目为代表的东亚地区工业生态园项目，对韩国重组传统产业工业生态园，进行了物流和能流规划、内外部环境规划、产业共生与工业共生网络规划等方面的深入研究。

二　国内研究进展

国内关于循环经济园区的研究，主要集中在产业园区循环经济规划布局、产业园区循环经济发展路径和产业园区循环经济绩效评价等方面。

（一）产业园区循环经济规划布局研究

国内学者在该领域的研究实现了从园区选址、开发模式、规划设计到产业组织、生态管理、绿色生产的转变。例如，肖松文和张径生（2001）通过案例分析了生态工业园在发展循环经济过程中，园区企业规划所遵循的原理和方法。吴峰等（2002）认为生态产业链的多样性、系统个体与整体的一致性、经济与社会的协调性都应成为生态工业园区规划时所要考虑的重点原则，他们还认为应当运用整体性思维对项目选址、基础设施建设、组织构成、平台建设等方面进行思考。薛东峰（2003）以循环经济理论和工业生态学原理为基础，从景观生态、工业生态系统和生态管理等方面，提出了南海生态工业园的生态规划方案，并制定了相关的对策措施，以实现生态工业园的可持续发展。万君康等（2003）将产业园区建设划分为两类，主张对新建园区以生态发展理念为指导吸引产业关联度高的企业和产业向工业生态园集聚，发挥企业间互补优势；对原有工业区应重新建立工业生态关系，以技术推动老工业区升级改造，创造新优势加速企业集聚。汪明峰等（2008）强调产业园区内企业间物质循环体系构建的重要性，提出了产业组织、空间规划、环境管理、公用辅助设施集成和文化认同六个方面的工业园区循环经济发展框架。此外，还有学者从副产品投入产出分析、再生资源回收利用等方面对产业园区规划提出了对策建议。

（二）产业园区循环经济发展路径的研究

传统上对产业园区循环经济发展路径的研究，主要集中在技术支持、资金推动、法律保障等方面，但随着学者们对循环经济概念和产业园区实践活动的深入研究，越来越多的学者开始从绿色价值观转换、组织保障、公众监督、市场价格机制等途径寻找循环经济发展之路。例如，耿勇和武春友（2000）、刘力和郑京淑（2001）等对生态工业园的构建路径方式进行了研究，并获得了初步成效。马晓燕（2011）通过对我国化工园区循环经济发展实践调研，提出必须加强组织保障，鼓励公众参与环境质量监督，加快静脉产业发展实现资源的有效回收利用，以推动循环经济发展。

（三）产业园区循环经济绩效评价的研究

该领域的研究主要集中在产业园区循环经济的绩效评价方法方面。例如，薛婕（2009）运用 DEA 方法对生态工业园的循环经济发展绩效进行了评价，并分析了决策单元的效率高低，并做了灵敏度分析。但这一方法的问题在于有效决策单元存在信息缺失的情况。近些年来，随着对产业园区循环经济绩效评价的研究不断深化，更多学者采用 TOPSIS 法、能值分析法、物质流核算法、生态效率法、突变级数法、"目标－过程－条件" 法等对产业园区循环经济绩效进行了综合评价，提升了评价结果的客观性、科学性和全面性。例如，王军（2007）认为物质流分析既能够有效辅助指导工业园区循环经济发展，也有利于准确掌握园区循环经济发展水平的变化。李艳（2007）、仵凤清（2010）、王怡（2012）等采用突变级数法对区域生态系统进行了健康评估，并对低碳经济复杂系统进行了综合评价。

三 研究综述

通过梳理产业园区循环经济研究成果可以发现，现在国内外学者虽然在产业园区循环经济的发展路径、绩效评价和政策保障等方面研究成果较多，但对产业园区循环经济研究尚缺乏多角度、系统性的研究。循环经济绩效评价方法大多从宏观角度分析，很多指标的设计针对性不强；对产业园区循环经济发展模式研究较少，已有研究定性方法多而定量方法少，缺乏一定的普适性和可操作性。

第四章　基于产业共生的园区循环经济内涵

界定产业共生、循环经济园区和产业共生循环经济园区的内涵，是研究基于产业共生循环经济发展模式的基础。本章主要对产业共生、循环经济园区、产业共生的园区循环经济的内涵展开深入分析。

第一节　产业共生

一般认为，产业共生不仅能够促进企业间实物形式的交换，也能促进无形资源的传播合作和基础设施的共享，提高区域系统整体的资源利用效率，改善环境质量并带来经济效益。

一　产业共生原理

产业共生是模仿自然生态系统提出的概念。产业共生实质上是一种经济组织学现象，并具有一定的自组织性质。只要发生了产业共生，就一定可以形成产业共生体。

（一）概念解析

1. 自然系统共生现象

共生（symbiosis）是自然界普遍存在的一种现象。尤其在生物种群中，不论是低等生物还是高等生物，共生现象是普遍存在的。在自然生态系统中，物质和能量通过"生产者－消费者－还原者"的顺序构成环环相扣的食物链和循环流动的封闭系统，实现物质和能量的充分利用。自然共生是指两种不同生物相互依存、互惠互利，彼此紧密相连在一起，缺此失彼都不能生存的一种关系。自然界中这种相互依赖、相互作用的共生关系是生物逐渐与其他生物走向联合，共同适应复杂多变环境的相互关系，也是生物之间长期进化的结果，共生关系如图 4-1 所示。

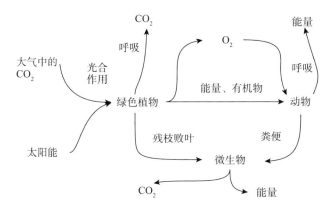

图 4-1　自然生态系统基本共生关系

2. 经济系统共生现象

在自然界中，生物按照一定的规律与原理产生共生现象。企业和园区是构成"社会-经济-自然"复合生态系统的重要单元，也可以遵循共生原理与原则，通过对共生机制的设计与构建，实现园区间、企业间的产业共生与循环。共生的主要特征是系统性与融合性、合作性与竞争性、互利性与互动性、协调性与动态均衡性等不同属性的并存与综合。传统经济系统是一种利用环境中的资源，产生大量废弃物的开放体系。从采掘、加工、制造到消费，每一环节都产生废弃物，导致环境污染和生态破坏。然而，类比自然生态系统的结构与功能可发现，产业系统中的物质、能源和信息的流动并不是孤立的简单叠加关系，而是像自然生态系统一样，企业之间也可以相互作用、相互影响，形成复杂的产业共生系统（见图 4-2）。

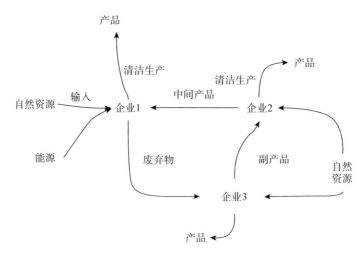

图 4 - 2　经济系统共生关系

二　产业共生的内涵

产业共生（industrial symbiosis）一词最早用以描述不同企业相互之间存在的"有机关系"，之后，国内外学者根据自己的研究角度给予其不同的界定。目前，被接受最为广泛的是丹麦卡伦堡公司出版的《产业共生》一书中对产业共生的定义：产业共生是指企业间通过不同的合作，提高企业及产业的生存能力和获利能力。学界虽然对产业共生的概念未达成一致，但对产业共生构成三要素有着普遍的认同，即共生单元、共生模式与共生环境。共生单元在经济、社会和环境等共同利益的引导下，自主选择是否进行共生发展。共生单元之间以合理分工为共生发展的原则，以合作竞争为共生发展的动力，在达到共同进化的同时，也促进了共生系统的协同演化。

随着共生理论在经济学的应用，产业共生的内涵也有了新的拓展。我国学者在广义上重新定义了产业共生。一是指在分工不断细化的前提下，同类产业的不同价值模块和不同类产业虽有一定区别，但彼此间有经济联系的业务模块出现了融合、互动和协调的发展状态。二是指同类产业或其相似的产业业务模块因某种机制所构成的融合、互动和协调的发展状态。与狭义的产业共生定义相比，广义的产业共生定义更强调了业务模块之间或产业间的融合、互动和协调发展。

综上所述，本书认为产业共生是不同类型的企业在相互合作的基础上，所采取的通过物质和能量的流动，实现中间物质及废弃物的交换利用、能量的梯级利用、资源环境的优化，有效促进园区企业可持续发展的策略。是自然生态系统的共生效应在经济社会系统中的具体应用。

三　产业共生的分类

产业共生可分为三类产业：前导产业、传递产业和末端产业。前导产业是产业共生中处于基础地位的产业，是产业食物链最原始的供应者；传递产业吸收前导产业所产生的废弃物和中间产品，并将自身废弃物传递给下游产业，在产业共生中起着承上启下的作用；末端产业是其资源、产品以及生产工艺直接由前导产业和传递产业所决定，其副产品以及废弃物能够影响到外部自然环境的产业。这种生态型划分是相对的，在不同的时期和产业共生中，各产业的地位可以相互转换。一般而言，前导产业是产业共生的核心，其他产业处于服从、辅助和完善的地位；前导产业和传递产业属于主动产业，末端产业属于被动产业。产业共生必须具备一条或多条食物链作为基础，并且要实现共生的稳定性，产业生态系统是产业共生的最终发展方向。

四　产业共生的构成

参考生态学中的共生及其构成要素，产业共生要素也是由共生单元、共生环境和共生模式（或共生媒介）三部分构成。

（一）共生单元

共生单元是构成产业共生系统的基础，是构成产业共生体基本能量生产和交换的单位，是形成产业共生关系的物质条件。在产业共生生态系统中，构成共生单元的是各类企业或企业集群，例如，企业集团或产业园区。

（二）共生环境

共生环境是构成产业共生系统的外部条件，是共生单元以外的所有因素的集合。构成产业共生体的共生环境包括市场及经济环境、政治法律环境、科技文教环境、社会环境及自然环境等。

（三）共生模式

共生模式是共生单元之间，以及共生体与共生环境之间发生产业共生关系的纽带与桥梁，是共生体进行能量、信息、价值及产品、服务交换的形式。产业共生体的共生媒介主要表现为各种共生模式。产业共生模式主要包括两类：一是共生的组织模式，它是根据共生单元之间的共生组织程度来划分的，可分为点共生模式、间歇共生模式、连续共生模式和一体化共生模式等；二是共生的行为模式，它是根据共生单元相互作用的形态进行分类的，它反映了共生单元之间的能量交换与分配关系。

第二节　循环经济园区

自循环经济理念问世以来，循环经济产业园区在世界各国得到快速实践和发展，学术界对循环经济产业园区的概念和内涵的认识也日益深刻。

一　循环经济园区的概念

综合诸多学者和权威机构对产业园区定义的界定，本书认为，产业园区是以合理利用资源为核心的经济社会和生态环境的复合系统；是为实现区域发展而聚集相关企业的特殊经济活动空间；是由多个企业以及管理机构依靠物质流、能量流和信息流，所构成的高度集成及共享资源，互换产品、副产品的具有链网结构的区域。产业园区的土地利用效率高，技术、人才、资金、优惠政策集中，生态环境保护制度严格，能够有效降低企业生产成本，是企业长期发展的最佳选择区位。而且，产业园区能够促进产业地域分工，显著提高区域经济效益，降低治理环境污染成本，产生可观的生态效益，发展产业园区循环经济具有独特的优势。

二　循环经济园区的性质类型

从产业性质的角度来看，产业园区可以划分为农业产业园区、工业产业园区、综合产业园区和特色产业园区等。从国家行政的角度来看，产业园区可以划分为高新技术产业开发区、经济技术开发区、边境经济合作区和出口加工区等。从园区发展的角度来看，产业园区可以划分为由企业集群形成的产业园区和已改造的产业园区两类，由企业集群形成的产业园区是在建园之前就完全按照产业园区的标准，构建物质、能量的循环闭合的园区；已改造的产业园区中企业群之间不一定具有天然的物质依赖关系，运用循环经济理念改造现有园区的基础设施，推行企业清洁生产，实现资源共享和经济效益和生态效益最大化的园区。

其中，高新技术产业开发区是为发展高新技术设立的特定区域，依托人才、技术和政策的优势，借鉴和吸收国外先进科技、资金和管理机制，实行税收和贷款等优惠政策，实现软硬环境的局部优化，最大限度地把科技成果转化为现实生产力，是集科研、教育和生产相结合的综合性产业园区。

三 循环经济园区的发展特点

循环经济园区具有效率优先，协调同生；耦合关联，循环再生；结构优化，和谐共生；周期管理，清洁自生的主要特点。

（一）效率优先，协调同生

效率优先是循环经济产业园区最显著的特点。循环经济产业园区的整个发展过程，始终坚持协调经济效率与生态效率之间的关系。园区发展并不片面地追求经济效率，忽视生态效率；反而极为重视生态效率，园区把经济增长建立在自然生态规律的基础上，向生态环境排放废弃物趋零化。统筹协调兼顾园区的经济发展、社会进步和生态保护，实现经济效益、社会效益和生态效益协调同生。

（二）耦合关联，循环再生

循环经济产业园区通过循环经济产业链的构建，形成企业与企业，企业与行业之间的耦合关联，以横向产品的供应和副产品的交换为纽带，形成"资源－产品－再生资源"的物质闭环，并反复循环，实现园区物质、能量和信息的流动，建立资源利用的交换系统，实现循环再生，尽可能地降低向区外排放废弃物的水平。

（三）结构优化，和谐共生

循环经济产业园区具有高度优化的产业结构和较为完整的自组织系统，园区采用现代化生态、节能、节水、再循环和信息技术，以及国际先进的生产过程管理和环境管理标准，提高了园区资源利用的效率，实现产业结构的优化，共生网络的完善，企业之间的和谐共生。循环经济产业园区的共生有别于自然界的共生，园区产业共生是自发和人为共同作用形成的。

（四）周期管理，清洁自生

循环经济产业园区实行产品生命周期管理，并将清洁生产贯穿于产品生产全过程。对原料的入园、产品的生产及使用、污染源的产生、废弃物的出园每个环节都进行生命周期管理，尽可能地采取一切措施减少和降低对生态环境造成的危害和负面影响。同时，园区公共服务设施和信息管理平台的建设支持产品各个阶段的周期管理。

四　循环经济园区的建设内容

（一）物质能量交换系统

物质能量交换系统是循环经济产业园区建设的核心。物质能量交换系统由物质集成、水集成、能量集成构成。物质集成包括企业内部的物质转化和交换，企业间的废弃物交换和循环利用，重点是循环经济产业链的构建以及资源的回收利用和梯级利用。水集成强调水资源的重复使用，建设企业内部以及园区层面的管网系统，整体统筹水资源的使用和废水的减量化、资源化。能量集成包括采用节能技术工艺及再生资源的利用以减少能量消耗，实现梯级用能、集成供热、热电冷联产结构优化，开发可再生能源和清洁能源。

（二）基础设施服务平台

循环经济产业园区的基础设施包括交通系统、能源供应系统、通信系统、给排水及仓库系统等，为园区内的所有企业提供服务和支持。建设基础设施要重视其可持续性和共享性，要探索融资和管理模式，促进园区建设，提高运营质量。循环经济产业园区的服务平台包括网络管理平台和公共服务平台。网络管理平台的建设围绕政府、企业和公众，以园区主导产业为基础，推动循环经济政务信息化及企业管理信息化进程，提高政府机构和企业的工作效率与管理质量。公共服务平台建设主要包括循环经济技术交流平台、区域性废物交易中心平台和资源再利用平台的建设。

（三）综合评价体系

循环经济产业园区发展综合评价指标体系的构建，要以循环经济的"3R"原则和产业园区的内涵为出发点，理清评价对象的关键因素，综合评价指标体系应体现整体性、动态性、层次性、地域性等特点，在搜集和整理大量指标实验数据基础上，搭建数学评价模型，设计体系的总体框架，并结合评价原则合理选取指标和评价方法。同时，综合评价指标体系要注意借鉴生态示范区建设验收指标体系，参考生态园区指标体系，构建合理的综合评价指标体系。

第三节　产业共生循环经济园区

从本质上来看，产业共生在实践中是以类似生态产业园的网络形式出现的。产业共生循环经济园区是在传统循环经济园区的基础上建立的一种新型产业组织形态，它引导园区企业之间积极进行生产要素的交换，实现园区资源和能源的最优利用，将园区对环境的影响降到最低。

一　产业共生与园区循环经济的关系

产业共生和园区循环经济在根本目的、基本目标和内涵上具有高度一致性，都要求兼顾经济效率与生态效率，通过对环境的保护来提高经营绩效与竞争优势。园区企业通过相互回收利用和交换废弃物及产品的上下游联系，形成物质闭路循环和能量梯级利用的产业代谢关系，将企业结成紧密的生产共同体，或者结合成具有互动能效的链网结构的企业群落，进而构建互利互惠、联动互补的区域产业共生网络。产业共生是园区循环经济发展的典型模式和显著特征，循环经济园区是产业共生构建的有效载体和实现途径。

二　产业共生循环经济园区的内涵

从循环系统的角度看，产业共生循环经济园区实际上是一个生物群落，是由能源燃料供应商、初级次级材料加工厂（生产者）、深加工厂或转化厂（消费者）、废弃物循环加工厂（分解者）等组合而成的企业群。企业之间是通过资金、信息、政策、人才流动为纽带的上下游关系，在此基础上形成类似生态系统的网络。

从资源利用角度看，一个企业生产过程的副产品是另一企业生产过程的原材料，从而建立企业之间各种合作关系，形成物质和能量的闭路循环，实现产业共生循环经济园区经济效益和生态效益的共同提高。

从企业连接角度看，企业嵌入产业共生网络，实施清洁生产，实现企业间产品、副产品和废弃物的互换、能量和水的梯级利用，以及基础设施的共享。

从规划管理角度看，宏观上依据规划、设计和建设产业共生循环经济园区，实现了其自组织能力和网络创新能力的提升、低成本竞争优势的发挥，以及经济效益、社会效益和生态效益的协同提高。

综上所述，基于产业共生的园区循环经济既是经济学分析产业园区生态化的有效方式，又是进一步构建循环经济产业园区的路径。产业共生是循环经济的主要特征和重要模式，产业园区是发展循环经济的主要载体；而基于产业共生的园区循环经济的本质就是产业园区的生态化过程。

三　产业共生循环经济园区的要素

基于产业共生的园区循环经济由四大要素构成：企业主体、产业链、资源环境和管理者。这四个要素之间相互联系，不可或缺，而且它们本身也形成网络。企业是参与经济活动和控制资源的主体；产业链是企业主体利用不同技术或工艺，实现资源形态或用途的变化，以及交换资源的通道和方式；资源环境则是企业主体完成经济活动的物质基础和媒介；管理者主要指政府部门，对循环经济活动进行人为规划。循环经济不仅对产品生产的不同环节进行连接，更重要的是将企业拓展为纵向闭合、横向耦合与区域整合的联系，即使在生态需求成为社会主流需求之前，共生网络的运作也能够达到经济性和生态性的双重效果。

第五章　基于产业共生的园区循环
经济发展模式研究

本章将论述产业共生园区循环经济探索实践的理论基础。推进基于产业共生的园区循环经济模式的前提是回答产业共生怎么形成、怎么运行、怎么演进等问题。本章主要从产业共生园区循环经济发展模式的动力机制、形成机理、演进机理、类型划分和评价体系五个方面进行系统分析。

第一节　产业共生园区循环经济
模式动力机制

产业共生园区循环经济模式的动力机制主要从技术创新、市场配置、行政调控和保障措施四个方面论述（见图 5－1）。

一　技术创新的支撑力

循环经济技术是产业共生运行的关键基础及核心要素，贯穿于产品的整个生命周期，产业共生正常运行的内因是技术。循环经济技术包括清洁生产替代技术、废弃资源回收和交换利用技术、减量化技术、资源化技术、系统化技术和能源利用技术等。循环经济技术创新已经成为企业生存发展的动力和核心竞争力；产业共生园区循环经济发展模式的运行不能缺少技术创新作为其支撑力。

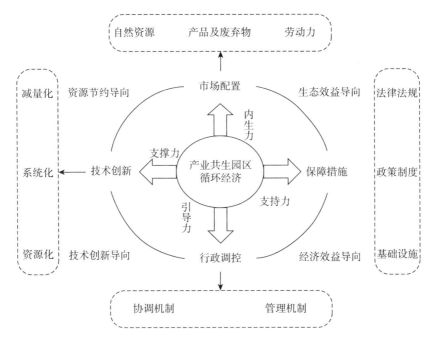

图 5 - 1　产业共生园区循环经济模式的动力机制

二　市场配置的内生力

市场配置是产业共生运行的潜意识因子和内生力，市场通过选择符合条件的企业入驻园区和配置区域自然资源、产品、废弃物、劳动力等资源环境，来影响产业共生循环经济的培育、构建及完善。产业共生循环经济的基本单元企业，通过市场激活和有效组织，可以降低产业共生的交易成本和费用，驱动园区可持续发展。

三　行政调控的引导力

政府在产业共生运行中的作用不可或缺，也不可替代。政府行政调控主要起引导协调和管理两方面的作用，前者的作用体现在政府一般通过制定税收、投融资、产业、土地等方面的政策，协调企业之间的各种矛盾和利益冲突；后者的作用体现为政府承担服务职能角色，维护循环经济园区企业利益的公正性，规范企业管理制度，管理和维护循环经济园区的正常运行。在产业共生发展模式中，行政调控可使每一生产过程的副产品或废弃物，成为其他企业生产环节中的原材料。这种整合再生资源产业链条，构建现代化回收再利用体系既是政府调控的结果，也是实现产业共生的必要条件。

四　保障措施的支持力

保障措施对产业共生的运行起支持力的作用，是其运行的稳定器。保障措施主要包括循环经济法律法规、政策制度和基础设施，三者共同构建完善的保障措施体系。法律法规具有规范性和强制性的特点，完善循环经济法律法规，能够为产业共生的运行提供明确的导向性；政策制度和基础设施建设能够节约企业成本，降低企业间交易费用，增强企业经营环境的稳定性。保障措施主要通过构建市场利益分配机制发挥作用，保障产业共生发展。

第二节　产业共生园区循环经济模式形成机理

产业共生在技术创新的支撑力、市场配置的内生力、行政调控的引导力、保障措施的支持力等动力源的共同作用下，形成了动态的复杂结构，以及活性结点间的非线性联结机制，进而保持了一种非平衡状态下的有序结构。在外部情况迅速变化的情况下，该机制就会远离平衡状态，当达到某一特定值，动态的量变引起质变，新的产业共生组织结构就能自发地形成。

一　形成机理的路径分析

从共生要素和循环经济的促进机制来看，共生关系（共生模式）的形成过程中，参与合作的企业必须具有相互兼容的内在性质，以及某种时间、空间联系，并存在确定的合作媒介（市场、政府及民间组织等）。共生关系一般由企业内在联系的亲近度、同质度和关联度决定。一方面，循环经济的实施有利于园区市场占有率的扩大，使产业共生在更大范围和规模上发展，而共生模式的互惠共生和帕累托最优的方向演进又会促进共生单元（园区企业）组织结构的优化，降低企业间交换和协调成本；另一方面，通过技术上不可分的基础设施完善、中间投入品共享及信息平台搭建等循环经济措施，企业间降低了物资的运输或流动成本，改善了共生环境，而良好的共生环境对于共生关系的持续稳定发展具有重要作用。

从企业前后向关联角度来看，园区企业可分为前导、传递和末端企业。前导企业在共生中处于基础地位，是最原始供应者，包括区域内的运输、能源、信息产业和供水系统等。传递企业吸收前导企业产生的废弃物和中间产品，并将自身废弃物传递给下游企业。末端企业的资源、产品以及生产工艺直接由前导企业和传递企业决定，其副产品以及废弃物能够影响到外部自然环境。这种生态型划分是相对的，在不同的时期，各企业的地位可以相互转换。因而相关企业在园区可以共享作为投入要素的多样性中间产品，成为共生产业链的节点，进而形成循环经济园区企业前后向的共生关系。

因此，产业共生园区循环经济形成路径大致有两种：一种是在市场竞争中自发形成的"自下而上"的路径；另一种是在政府支持下进行的"自上而下"的路径。"自下而上"的路径建立在市场响应的基础上，通过技术创新，满足企业自身发展和园区整体运作的需求。"自上而下"的路径是政府依靠行政等手段，实现对原有空白园区的规划和对已有系统的改造。

二 形成机理的要素分析

形成机理的要素分析主要从经济利益、资源环境、技术创新和政府管理四个方面展开。

（一）经济利益

基于产业共生的园区循环经济虽然注重经济和生态的协调发展，但是基于产业共生的园区循环经济作为生产方式和生活方式的变革，实质上是利益关系的变革。经济效益仍然是基于产业共生的园区循环经济首要考虑的目标，其次才是生态效益。同时，经济效益也是企业共生驱动的内生机制，是建立产业共生的首要条件以及关键因素。基于产业共生的园区循环经济的形成解决了资源运输难、成本高的问题，因此，企业更愿意成为产业链上的企业；并通过与相关企业建立共生关系，把上游企业的副产品变成下游企业的原材料，使产业链上的企业都有一定的收益，降低副产品处理成本。随着构建的产业链逐步发展，产业链上的各企业可获益，并可能形成新的产业链，由此这些链上的企业集聚起来，获得规模效益，最终降低生产成本。另外，企业可以在产业共生中找到自己的合作伙伴，减少搜索成本，防范潜在的风险发生，最终实现企业利润最大化的经营目标。不完全市场通过信息不对称和规模报酬等因素强化这些关系，同时，交易费用和经济利益提高了制度退出的壁垒，形成了进入产业共生的路径依赖。

（二）资源环境

资源的有限性和环境的脆弱性与经济增长之间存在不可避免的深层次矛盾。资源环境问题的根源在于人类经济社会的发展模式，如何处理经济增长与资源开采、环境保护之间的复杂关系，已成为我国经济可持续发展的关键。线性经济短期的快速增长所带来的能源过度开发、环境的恶化等问题势必会成为经济可持续发展的障碍。因此，企业如何实现生产物质消耗最少，并尽量降低对整个生态可能造成的损害，是基于产业共生园区循环经济模式必须面对的现实问题。基于产业共生的园区循环经济是以资源的高效利用为特征的经济活动，是解决资源稀缺与环境问题的有效手段。引入基于产业共生的园区循环经济后，资源将流向最有效率的节点企业和生产环节，使要素得到最有效率的配置，在更大程度上实现了资源的最小剩余，实现了物质在企业间的逐级传递、多重循环，以及能量在产业链上的分层利用，从源头上杜绝资源的高消耗和对环境的高污染，形成资源环境的纵向闭合。而且，在企业竞争力不断提高的过程中，基于产业共生的园区循环经济的运行又反过来提高企业间协作能力和整体竞争力。

（三）技术创新

在很大程度上，技术创新解决了经济增长带来的资源和能源枯竭、生态环境破坏等问题。企业作为理性经济主体，使传统生产技术在企业之间交流变得困难，成为制约基于产业共生的园区循环经济建立的主要瓶颈。企业进行技术创新的要素在企业内部不一定都具备，需要与其他企业、中间组织、研究组织进行合作，这使得技术溢出和转移常态化。企业之间的这种技术溢出与转移，可以使企业获得自身的技术创新，加速企业间的合作和变革。企业在技术上的创新又会引起相关企业的响应，跟踪合作企业，不断挖掘资源和环境改善的渠道，或者联合技术攻关，共同承担技术创新的风险，实现技术协同创新。同时，市场竞争的结构变动引起技术创新变化，企业进行技术创新，产生新的市场需求，当这些新的市场需求超过本企业的能力时，新企业将会诞生。事实上，单个企业不能支配创新的整个过程，为实现创新，上下游企业就必须协同合作，企业间的联系越紧密，就意味着合作越融洽，就越有利于创新的传播和发展。技术协同创新实现了企业间横向上的耦合，形成了企业相对于其他企业的比较优势和竞争优势，从而使企业产生了建立产业共生的强烈动力。

（四）政府管理

尽管以共生为特征的循环经济因具有经济动力能够持续发展，但这种动力却更多地体现在宏观层面，而并非集中在诸如降低企业物耗和废弃物水平的微观层面。这在一定程度上造成了企业层面推动产业共生的动力缺失，政府因此成为产业共生形成的重要因素。企业集合的实体需要使系统内各个企业主动按照资源循环利用的方式来发展，也需要使系统外企业能够加入以扩大产业共生规模，以保持并提高企业在更大区域内的竞争力。因此，作为循环经济受益的主要负责者、区域环境的营造者以及网络营造的管理者的政府，其作用必不可少。政府制定的循环经济规划，可以从总体上减少企业的重复投资，为企业之间的物质、能量及信息的流动交换提供顺畅通道，减少企业在合作过程中发生摩擦的机会。反过来，企业集聚结成共生网络后，一方面会节省当地政府的组织管理成本；另一方面会充分显示优惠政策的实施效果，激励企业提高当地环境绩效和改善经济表现，从而在享受优惠政策上，具有专有性。

通过分析基于产业共生园区循环经济模式的形成机理，能够为如何构建产业共生提供有益的启示。事实上，在我国提出大力发展循环经济的背景下，从长远发展目标和整体利益出发，站在全国发展的高度，以区域、全国乃至国际市场为导向，用产业共生理念推动园区建立产业共生循环经济，不仅能够提高资源利用效率，而且有助于提升区域环境绩效，作为解决经济发展与环境问题的一种有效范式，这种经济模式将是未来的一种发展趋势。

第三节　产业共生园区循环经济模式演进机理

虽然产业共生与生态系统的构成元素有很大差别，但产业共生的演进类似于生物演化，它们会随着系统环境的不断变化，根据自身的目标来适应或改变环境，并调整自己的结构和行为方式，最终形成与环境相适应的共生状态。理解产业共生的演进机理，将有助于我们掌握系统的状态和效益，分析系统是否朝着可持续方向发展，为相关主体制定政策提供依据。

一　演进的理论基础

（一）系统自组织

产业共生的演进是一个自组织过程。其演进不仅具有自然生态系统的特征，而且更重要的是这种演进体现了经济社会系统作用的规律，即自然生态系统与经济社会系统共同影响产业共生的演进。其自组织过程在经济组织形态上体现为从单个循环型企业向循环型产业链，以及产业生态网络方向的演进；自组织过程不需要外界指令就能自行组织、自行创造，可自主地从无序到有序形成有结构的系统。产业共生之所以具有较强的竞争力，是因为自组织系统的内部博弈和整体联动性。

（二）制度创新

制度创新是产业共生形成和演进的重要内因。在制度未创新之前，即使园区企业形成了一定的共生关系，但对于处于节点的企业而言，并不意味着一定可以获取正效益，或获得比直接利用外部原始资源更大的正效益。而制度创新在打破旧的制度体系的基础上，构建了包括资源定价、环境资源产权、生态补偿、绿色会计和核算、生产责任、金融、采购、消费、投资等在内的一整套制度创新体系，保障产业共生系统内各企业主体合理的资源分配，克服环境的公共物品性质带来的外部不经济性，使环境资源价值得到真实体现。

二　组织模式演进过程

产业共生组织模式有点共生、间歇共生、连续共生和一体化共生。这四种共生组织模式的演进顺序分别与共生关联度相对应。产业共生园区循环经济的起点是点共生。共生单元之间最初建立的共生关系一般具有随机性、偶然性和不确定性，这种共生关系在时间上的持续相对较短，因此称为点共生。显然点共生在整个周期演进过程中所起的推动作用不大，但它是整个产业共生系统演进的基础。随着产业共生系统的逐渐发展，共生单元之间逐渐克服了共生关系的随机性，形成了间歇共生，这种模式中共生单元之间所建立的关系仍具有不确定性，而且不能反映共生单元之间相互作用的必然性。共生单元不断积累经验知识、适应和改变环境，进而形成连续共生。连续共生最大的特点就是共生单元之间的关系是长期连续的。连续共生是产业共生系统中最佳的组织模式，共生单元在该模式中受益也最多。当连续共生发展到一定程度就形成了一体化共生。一体化共生就是把两个或者多个共生单元组合成一个具有独立性质和结构的整体，原有的共生单元逐渐消失，形成科层组织，共生效率逐渐丧失，产业共生系统走向衰败。

三　行为模式演进过程

产业共生单元间的共生行为模式有寄生共生、偏利共生、非对称互惠共生和对称性互惠共生。在寄生共生过程中，共生单元的能量是单向流动的，对于共生单元双方来说，能量会从一方转移到另一方。在偏利共生中，获利的共生单元会产生新的能量，而与之合作的共生单元则不会发生能量的变化。互惠共生是产业共生系统发展到成熟阶段的共生行为模式，在最初的互惠共生发展过程中，共生单元的利益是非对称的，共生单元之间通过不断的交流合作，形成对称性的利益分配机制，最后形成对称互惠共生模式。在对称互惠共生模式中，共生单元之间拥有同等能量积累和进化的机会，物质能量充分自由流动，这种模式是最有效也是最稳定的状态。具有对称性互惠共生特征的系统无论在何种模式中都会产生最大的能量。

综上所述，产业共生的演进是动态的、非线性的，其演进组织特征存在阶段性差异。目前，学界关于产业共生的演进过程并没有形成统一的认识。一般而言，产业共生的演进过程可归纳为三个阶段，即形成期、试行期和成熟期。在特定的内外部因素的驱动下，企业开始尝试共生合作，初步形成网络雏形；试行期企业进入和脱离网络较为频繁，相应的制度、文化、组织等开始发展；随着共生网络的建立，逐渐形成较为良好的信任关系和成熟的共生文化、制度与规范，网络趋于稳定，三个阶段之间并不存在明晰的界限。

第四节　产业共生园区循环经济模式类型划分

模式指某种事物的标准形式或使人可以照着做的标准样式，是现实世界部分化、序列化、简单化和抽象化的代表。在经济社会领域，发展模式一般是指在一定地区和一定历史条件下，具有特色的经济发展的路径，也就是对特定时空经济发展特点的概括。从这个意义上讲，基于产业共生的园区循环经济的发展模式就是产业共生视角下循环经济发展的理论图式，是解决循环经济发展问题的方法论。

Chertow 给出了生态工业园区建设的两类模式，即自发演进模式和计划规划模式。前者的代表是丹麦的卡伦堡工业共生体系，后者的代表是我国生态工业园区，例如广西贵港和鲁北化工等。这种划分对于产业共生和生态工业园区发展虽然具有指导意义，但这种划分因划分维度过于单一，且分类过少，难以提供更多的信息量。事实上，世界范围内的产业共生实践数以千计，学者有必要对其进行更为细致的划分和深层次的思考。目前，已有的分类难以真正反映出产业园区建设和产业共生发展的内在规定性。换句话说，这些分类系统给出的并不是发展模式意义上的产业共生分类。那么应该给出怎样的模式划分？是否一种模式就一定优于另一种模式？再者，我国是否可以照搬国际上成功的产业共生模式？我国产业共生模式如何才能良性运转和持续发展？纵观国内外产业共生发展模式，大多都集中在园区层面，基本上是在一定地理范围内集聚了很多企业，以产业链的延伸和产业链补充的设计为核心，通过资源共享实现共生效应（见图5-2）。

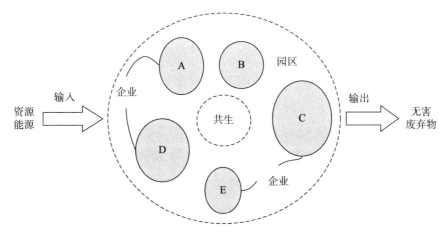

图5-2 产业共生资源共享

结合诸多文献，本书从企业与企业之间关系的视角，将基于产业共生的园区循环经济发展模式划分为自主共生、复合共生、嵌套共生和虚拟共生四种模式（见表5-1）。

表5-1 基于产业共生的园区循环经济具体发展模式

发展模式	特点	代表案例
自主共生	围绕一家或几家大型核心企业，大型核心企业对共生网络起主导作用；网络容易生成，但是网络风险高	丹麦卡伦堡工业共生体
复合共生	所有参与共生的企业同属于一家大型公司，合作地位相对平等	波恩赛德

发展模式	特点	代表案例
嵌套共生	大型企业构成主体结构，中小企业呈子网络，具有融合互利共生和复合共生网络的特点；随着网络的复杂性和稳定性提高，企业交流渠道增多，频率加快，但协调性差	奥地利 Strria
虚拟共生	超越传统园区地理范围，企业在地理位置上不集聚；企业节省初期购地费用和迁移成本，但增加了运输费用	布朗斯维尔

一　自主共生型模式

自主共生型模式是以某一个或几个具有独立法人资格的企业为核心，吸引产业链上优势互补的相关企业入园，依靠企业间的互动能效，构建互利共生、联动互补，相关企业围绕核心企业运作，并充分利用各种副产品和原材料。运用该模式的企业之间不具有所有权上的隶属关系，企业受利益机制的驱动，不依靠行政命令而互利共存，组成利益共同体，形成与自然系统平衡相似的产业共生网络。自主共生型模式的特点是相关企业对核心企业具有很强的依赖性，核心企业的任何调整和变更，都会对依附的企业产生很大的影响，威胁到产业共生模式的稳定性和安全性，并且有可能导致模式的崩溃（见图5－3）。

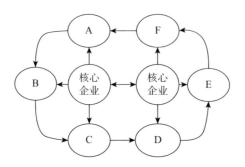

图 5 - 3　自主共生型循环经济模式

二 复合共生型模式

复合共生型模式是指所有参与共生的企业同属于一家大型公司，它们是该公司的分公司或某一生产部门。其产业链的整合取决于总公司的战略意图，参与实体没有自主权。采用复合共生型模式的园区通常根据自身的特色产业改造系统生产环节，开展技术集成创新，构建产业链横向耦合，实现资源综合利用和环境保护的有机统一。复合共生型模式在一定程度上使园区形成产业共生网状结构，园区资源得到最佳配置、废弃物得到有效利用，环境污染处于较低水平（见图5-4）。

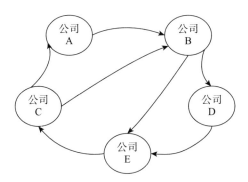

图 5-4 复合共生型循环经济模式

三 嵌套共生型模式

嵌套共生型模式是大型企业构成模式的主体结构，中小企业组成子网络，具有融合自主共生型和复合共生型模式的特点。该模式的企业内部和企业之间通过原料、产品和副产品等建立横向耦合、纵向闭合、区域整合的循环网络结构。采用嵌套共生型模式的企业交流渠道多，频率快，企业间相互依赖和凝聚力的整体性强，稳定性和复杂性比较高。该模式主要适用于大型综合类工业区，它们大多是应城市规划需要把原有城区的企业集体搬迁到某一工业区或在原有高新技术开发区的基础上进行综合改造，重新构架（见图5-5）。

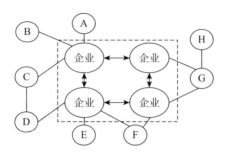

图5-5　嵌套共生型循环经济模式

四　虚拟共生型模式

虚拟共生型模式建立在信息网络技术高度发展的基础上，超越传统园区地理位置上不相邻不集聚的限制，以信息流连接价值链，建立开放性、动态性产业共生模式，实现信息、技术、资源等生产要素的传递扩展，促进企业之间的广泛交流。该模式通过协调园区经济产业结构的差异性，实现产业的合理布局和梯度分布的均衡，保障园区的可持续发展。虚拟共生型模式运行的动力来源于多样化、柔性化的市场需求，企业以市场价值的实现为目标，依托信息网络，充分发挥协同工作和优势互补的优势，在整个园区内形成稳定的产业梯次结构（见图5-6）。

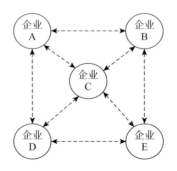

图5-6　虚拟共生型循环经济模式

第五节　产业共生园区循环经济
模式评价体系

目前，已有的评价指标体系大多数没有考虑到园区企业为不断寻求利润空间，逐步摆脱对资源的过度依赖，而结成利益共同体的变化倾向。事实上，企业之间的竞争已不再是产品性的水平竞争，而已转变为战略性的垂直竞争，即产业价值链的位置竞争；地区之间的竞争也不再是彼此生产能力、市场占有和拓展能力的竞争，而正在转变为支撑区域功能的产业群落间的竞争。我国要想从根本上提升在全球经济中的地位，改变处于价值链低端和竞争位势低水平的不利局面，作为中观的现实载体的园区和作为微观的经济主体的企业需要超越本位利益做更为深层的改革，产业共生应运而生。因此，将产业共生嵌入循环经济园区，衍生一系列指标并建立评价体系，既有助于评估园区循环经济的现状和发展变化趋势；又可以为园区低碳生态化发展提供决策依据。

一　评价指标体系构建的基本思路

建立产业共生园区循环经济评价指标体系是一项系统工程。产业共生和园区循环经济通过促进机制和企业前后向关联，实现园区共生单元、模式及环境的内生互动和循环促进，使得总体效益大于个体效益，共生后效益大于共生前效益。在园区这样一个产业聚集的区域内，对其评价须从作为循环经济组织模式和重要方式的产业共生角度出发，才能比较客观地反映园区发展状况，并在循环经济"减量化，资源化、再利用"3R原则的基础上，以及园区内外部环境之间物质闭路循环和能量梯级利用基本结构上进行构建（见图5－7）。

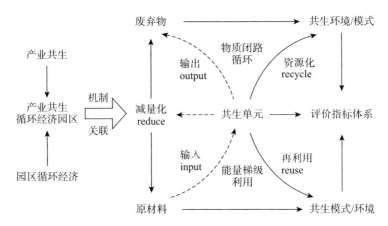

图 5 – 7　产业共生循环经济园区评价指标体系建立的思路

二　评价指标体系建立的总体目标

产业共生园区循环经济评价指标体系的总体目标是对园区循环经济发展状况和产业共生模式进行定量的分析与判别，预测未来产业共生园区循环经济的结构和功能，为政府决策和政策制定提供科学依据，为推进产业共生园区循环经济发展模式提供可行的建议。

三　评价指标体系建立的遵循原则

（一）科学性和实用性相结合的原则

指标的选择应建立在充分认识和研究系统的基础上，指标体系应能度量和反映产业共生园区循环经济的发展状况和目标的实现程度，能够客观真实地反映园区循环经济发展水平。同时，指标的选择要考虑数据获取的难易程度和可靠性，选择有代表性的指标。

（二）可比性和可靠性相结合的原则

指标体系的设计应注重时间和空间的可比性，以便于纵向与横向的比较。纵向与横向的比较与统计指标口径的可比性，以及资料来源的可靠性关系很大，是进行指标体系设计时应注意的关键问题。

（三）全面性和独立性相结合的原则

指标应该能够全面反映被评价系统的主要特征和发展状况；有些指标信息有重叠的现象，在选择指标时，应尽可能保证各指标的相对独立性，从而提高评价的准确性。

（四）稳定性和动态性相结合的原则

既要保持指标体系的相对稳定性，又要根据产业共生的发展逐步调整，吸收新指标和去除旧指标，以便能够反映园区循环经济的现状和发展趋势。

四　评价指标体系的评价方法

产业共生园区循环经济研究中一个重要的问题是：如何准确地评价循环经济发展的产业共生水平。因此，评价指标体系评价方法的确定，不仅是量化产业共生园区循环经济发展的基础工作，而且是产业共生园区循环经济理论研究的基本内容。

（一）评价指标体系的数学模型

产业共生园区循环经济发展不仅降低社会资源的消耗，解决资源短缺问题，而且创造了新的经济增长点，实现了经济社会和生态环境的共赢。因此，依据经济、社会、生态三个子系统之间的关系，产业共生指标体系所依据的数学概念模型：

$$OPTZ = F(X, Y, Z)$$

$$s,t \begin{cases} X \geq X_{min} \\ Y \geq Y_{min} \\ Z \geq Z_{min} \end{cases} \tag{5.1}$$

其中，OPTZ 是产业共生园区循环经济的发展状态；X 是园区经济子系统发展变量；Y 是园区社会子系统发展变量；Z 是园区生态子系统发展变量；X_{min}、Y_{min}、Z_{min} 分别是子系统的边界条件。

产业共生模式综合评价指标体系按照循环经济"减量化，资源化、再利用"3R 原则和企业与企业之间物质流和能量流闭路循环的基本思路进行构建。产业共生模式评价指标体系的数学模型如图 5 - 8 所示。

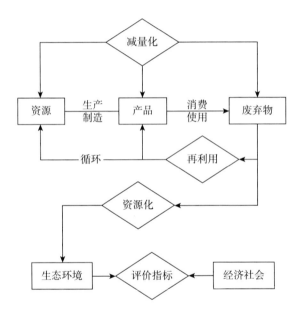

图 5 - 8　产业共生模式评价指标体系的数学模型

（二）评价指标体系选取的方法

在诸多数学评价方法中，层次分析法（AHP）具有高度的逻辑性、系统性、简洁性与实用性的特点，且较为成熟，而且 AHP 克服了评价要素权重确定过程中依靠统计试验或专家评分的主观性，不需要人为给出的数值进行评价排列，而是用数学方法将两两评价的结果进行综合，保证各级指标权重确定的准确性。

在 9/9 - 9/1 标度、10/10 - 18/2 标度、指数标度、1 - 9 标度等比例标度的比较中，10/10 - 18/2 标度的 CI 值最小，精度最好，1 - 9 标度最差。其含义见表 5 - 2 所示。

表 5 - 2　层次分析法（AHP）标度与重要程度

标度 ＼ 重要程度	同等重要	微小重要	稍微重要	更为重要	明显重要	十分重要	强烈重要	更强重要	极端重要
9/9 - 9/1 标度	9/9 (1)	9/8 (1.125)	9/7 (1.286)	9/6 (1.500)	9/5 (1.800)	9/4 (2.250)	9/3 (3.000)	9/2 (4.500)	9/1 (9)
10/10 - 18/2 标度	10/10 (1)	11/9 (1.222)	12/8 (1.500)	13/7 (1.857)	14/6 (2.333)	15/5 (3.000)	16/4 (4.000)	17/3 (5.667)	18/2 (9)
$9^{0/9}$ - $9^{8/9}$ 指数标度	$9^{0/9}$ (1)	$9^{1/9}$ (1.277)	$9^{2/9}$ (1.629)	$9^{3/9}$ (2.080)	$9^{4/9}$ (2.655)	$9^{5/9}$ (3.389)	$9^{6/9}$ (4.327)	$9^{7/9}$ (5.523)	$9^{8/9}$ (7.225)
1 - 9 标度	1	2	3	4	5	6	7	8	9

模糊综合评价（Fuzzy Comprehensive Evaluation，FCE）综合考虑多方面因素对所研究问题的影响和多个评价主体的意见，用隶属函数来描述差异的中间过渡，可以较好地解决评价过程中的模糊性，适用于评价因素多、结构层次多的对象系统，该评价体系有较高的评价精确度和较好的评价效果。

本书采用的 AHP - 模糊综合评价法，是一种将层次分析法（AHP）和模糊综合评价法相结合的方法。AHP - 模糊综合评价模型主要由两个部分组成。第一部分为层次分析法，第二部分模糊综合评价。其中，模糊综合评价法是在层次分析法的基础上进行的，提高了评价的可靠性、可操作性和有效性。AHP - 模糊综合评价模型对于解决产业共生模式中的评价指标的权重确定问题、评价过程中的定性问题以及模糊性现象的处理问题，有着其他评价方法无法比拟的优势。AHP - 模糊综合评价法的一般步骤如图 5 - 9 所示。

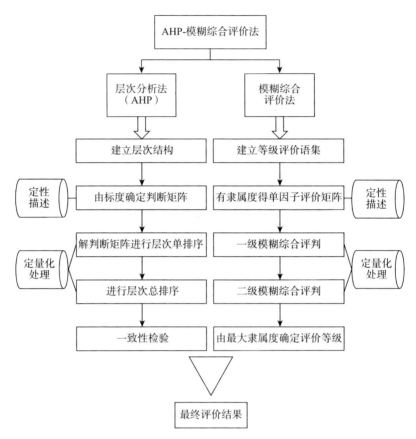

图 5 – 9　AHP – 模糊综合评价法一般步骤结构

1. 确定评价的因素集和评语集

因素集是评价对象的评价因素的集合，可以用 $U = \{u_1, u_2, u_3, \cdots, u_n\}$ 表示；评语集是表示不同的模糊评定的集合，可以用 $V = \{v_1, v_2, v_3, \cdots, v_m\}$ 表示。

2. 确定因素的权重

采用 AHP 计算因素的权重。依次构建判断矩阵、层次单排序和一致性检验。

①构建判断矩阵：采用 10/10 – 18/2 标度，对因素集中各评价因素相互相对重要性比较。②层次单排序：采用方根法对判断矩阵计算

求出各评价因素权重。③一致性检验：只有当矩阵完全一致时，判断矩阵才存在 $\lambda_{max} = n$，当不一致时 $\lambda_{max} > n$，故以 $\lambda_{max} - n$ 差值大小检验一致性程度，一致性程度用 CI 指标：

$$CI = \frac{\lambda_{max} - n}{n - 1} \tag{5.2}$$

其中 λ_{max} 为矩阵最大特征根，n 为矩阵阶数；CI 值越小一致性越好；同时须具有满意的一致性，要将 CI 与平均随机一致性指标 RI 比较，得出检验值 CR：

$$CR = \frac{CI}{RI} \tag{5.3}$$

要求 $CR < 0.1$。计算出的权重值记为 $W = (w_1, w_2, w_3, \cdots, w_n)$。

3. 构建隶属度矩阵

记隶属度向量为 R_i，$R_i = (r_{i1}, r_{i2}, r_{i3}, \cdots, r_{im})$，$i = 1, 2, 3, \cdots, n$；且：

$$\sum_{j=1}^{m} r_{ij} = 1$$

$$R_i = \begin{array}{c} v_{i1} \\ v_{i2} \\ v_{i3} \\ \vdots \\ v_{ik} \end{array} \begin{pmatrix} s_{11}^i & s_{12}^i & s_{13}^i & \cdots & s_{1m}^i \\ s_{21}^i & s_{22}^i & s_{23}^i & \cdots & s_{2m}^i \\ s_{31}^i & s_{31}^i & s_{31}^i & \cdots & s_{3m}^i \\ \vdots & \vdots & \vdots & \vdots & \vdots \\ s_{k1}^i & s_{k2}^i & s_{k3}^i & \cdots & s_{km}^i \end{pmatrix} \tag{5.4}$$

其中 s_{lj}^i 表示第 i 个一级评价指标下的第 l 个二级指标隶属于第 j 个评判等级的程度，i 为一级指标的数目，k 为第 i 个一级指标下的二级指标的数目，m 为评判集中评语的数目。s_{lj}^i 的意义及求法为：首先，对每个被评价的子因素进行评定，其次通过统计整理的方法得到相对于子因素 v_{ij} 的若干个评语。则子因素 v_{ij} 隶属于第 v_k 级评语的程度，即隶属度为：

$$s_{lj}^{i} = \frac{v_{ijk}}{\sum\limits_{k=1}^{n} v_{ijk}} = v_{ijk}/v_{ij1} + v_{ij2} + v_{ij3} + \cdots + v_{ijm} \qquad (5.5)$$

则子因素层指标 v 的隶属度向量为：$S_l^i = (s_{l1}^i, s_{l2}^i, s_{l3}^i, \cdots, s_{lm}^i)$，由此可得 R_i；隶属度矩阵 $R = (R_1, R_2, R_3, \cdots, R_n)\mathrm{T} = (r_{ij})$。

4. 综合评价

在确定权重向量 W 和构建隶属度矩阵 R 的基础上计算综合的评价结果 Y：

$$Y = W \cdot R = (a_1, a_2, a_3, \cdots, a_n) \begin{pmatrix} r_{11} & r_{12} & r_{13} & \cdots & r_{1m} \\ r_{21} & r_{22} & r_{23} & \cdots & r_{2m} \\ r_{31} & r_{32} & r_{33} & \cdots & r_{3m} \\ \vdots & \vdots & \vdots & \vdots & \vdots \\ r_{n1} & r_{n2} & r_{n3} & \cdots & r_{nm} \end{pmatrix} \qquad (5.6)$$

5. 归一化处理

使结果具有可比性，对综合评价结果归一化处理。

（三）评价指标体系的构建

评价指标体系（目标层）由共生单元、共生模式和共生环境 3 类一级子目标（准则层），协同柔性特征、资源综合利用、共生紧密性、资源瓶颈消除、共生潜力、废弃物减排和共生界面 7 类二级子目标（指标层）以及 24 个具体指标（指标要素层）构成。其中，目标层反映产业共生发展总体运行情况和效果，综合表达产业共生循环经济水平。在准则层中，共生单元反映系统运行的市场灵敏度和资源利用效率的总体情况；共生模式反映当前共生单元的共生度、发展水平以及发展潜力；共生环境是共生单元的硬件基础。指标要素层是用来对指标层进行度量的具体变量，具体如表 5-3 所示。

表 5 - 3　基于产业共生的园区循环经济评价指标体系及权重

目标层（A）	准则层（B）	指标层（C）	指标要素层（D）
产业共生循环经济评价指标体系(A)	共生单元（B₁）	协同柔性特征（C₁）	产品种类（D₁₁） 合作企业数量（D₁₂）
		资源综合利用（C₂）	土地产出率（D₂₁） 工业用水重复利用率（D₂₂） 垃圾资源化利用率（D₂₃） 资源产出率（D₂₄）
	共生模式（B₂）	共生紧密性（C₃）	合作时间及周期（D₃₁） 中水回用率（D₃₂） 产业链关联度（D₃₃） 信息平台完善度（D₃₄）
		资源瓶颈消除（C₄）	单位 GDP 能耗（D₄₁） 单位 GDP 水耗（D₄₂） 万元工业增加值用水量（D₄₃）
		共生潜力（C₅）	人均工业总产值（D₅₁） 重点企业清洁生产审核率（D₅₂） 工业产值增加值率（D₅₃） 生活和环境的满意度（D₅₄） GDP 年平均增长率（D₅₅）
	共生环境（B₃）	废弃物减排（C₆）	SO₂ 排放总量削减比例（D₆₁） COD 排放总量削减比例（D₆₂）
		共生界面（C₇）	园区政策制定和实施程度（D₇₁） 基础设施共享程度（D₇₂） 人均公共绿地面积（D₇₃） 园区绿化覆盖率（D₇₄）

　　主要指标说明：柔性是指一个系统灵活适应不确定条件的能力。协同柔性特征是指园区内合作企业根据市场及环境变化，根据资源、市场和外部环境的变化调整产业结构、产品结构、工作原理、原料及其工艺流程，提高抗御市场风险的能力。产业链关联度指园区产业链

实际关联度占最大关联度的百分比的平均值。园区产业链关联度越大，园区共生程度就越高。产业链关联度体现上下游企业对原料、中间产品及废弃物的供需信息的畅通性和共生的稳定性，是衡量园区循环经济发展水平的重要标准。

第六章　基于产业共生的园区循环经济典型模式

生态工业园区是产业共生的重要实践形式。美国最早提出生态工业园区后，国内外展开了富有成效的产业共生实践，形成了许多典型的发展模式。总的来说，国内外生态工业园区的建设主要有以下三种产业共生模式：一是在原先产业园区基础上改造升级实现产业共生。二是在产业链搭建的基础上实现产业共生。三是以某一个核心企业为基础上实现产业共生。

第一节　国外典型模式

在国外，丹麦是最早实践产业共生模式的国家，卡伦堡生态工业园区取得了巨大成功，成为各国产业共生园区循环经济建设的典范。美国、英国、日本、韩国、欧盟等国家或地区的生态工业园区建设也形成了典型的发展模式。

一　丹麦卡伦堡模式

卡伦堡位于丹麦 Zealand 岛西海岸的小型港口城市。卡伦堡是产业共生自发演进模式的代表，也是目前最为成功的产业生态园区。卡伦堡最初只有一座火力发电厂和一座炼油厂。自 20 世纪 60 年代末以来，卡伦堡的主要企业相互间交换蒸汽、水以及各种副产品，卡伦堡规模开始不断扩大，形成了一个包含炼油、火电和酶制剂等十多家企业和三十余条交换链的产业共生体。该共生体完全通过企业之间自发进行废物交换而形成。除此之外，企业之间良好的信任与合作关系也是促成该共生体的重要因素。为了更好地推动产业共生发展，1996 年成立了由卡伦堡地区开发部门主办的工业共生协会。该协会是工业共生合作信息中心，致力于开发新的合作项目并对外提供咨询服务。

丹麦卡伦堡共生体的发展可以划分为四个阶段。第一阶段为 1961～1979 年。该阶段有共生路径 5 条，涉及地表水、天然气、生物质、飞灰等交换物质。第二阶段为 1980～1989 年，该阶段新增共生路径 7 条，涉及热交换、蒸汽交换、冷却水等公共资源。第三阶段为 1990～2001 年，随着共生实体的增加，该阶段共生路径发展到 20 条。第四阶段为 2002～2010 年，该阶段共生网络进一步完善，共生实体增加到 17 个，共生路径增加到 30 条，涉及材料共生，水共生和能源共生。

目前，卡伦堡工业共生体系中主要有四家企业：阿斯耐斯瓦尔盖热力发电厂、斯塔朵尔炼油厂、挪夫·挪尔迪斯克公司、吉普洛克石膏材料公司。卡伦堡市政府也参与了该共生体系的运行，它使用发电厂出售的蒸汽给全市供暖。共生体系内的成员相互间的距离不超过数百米，由专门的管道体系连接在一起。工业园区内还有硫酸厂、水泥厂、农场等企业参与到产业共生体系中。在这个体系之中，废弃物和副产品完全是自发进行交换。共生不需要靠政府推动发展，技术也达到一定水准，经济上的共赢促进了企业的主动合作（见图 6-1）。

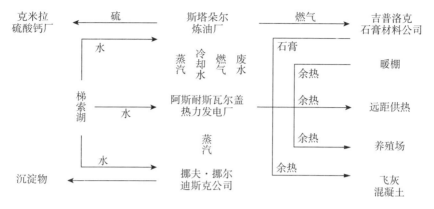

图 6-1　丹麦卡伦堡产业共生体系

二　荷兰鹿特丹临港模式

1994 年，荷兰鹿特丹临港经济区启动了由 Deltalings 联合会组织发起的产业生态系统（INES）项目。最初的 INES 项目的组织方法相对保守，各利益相关者被固化在较大的间距上。在对前一阶段做出评估并争取基金资助之后，Deltalings 启动了 INES Mainport 项目。该项目建立了包括产业界、政府、环保组织和大学在内的一个战略决策平台。2003 年，鹿特丹临港经济区的产业共生活动被纳入了 Rijnmond 地区的大型可持续发展计划，开始了从执行具体项目演进到推动系统创新的全面转型。

INES 项目后期，有关方面就开始探讨如何利用每年直接向空气排放的大约 2200MW 的热量。为此，在 Botlek 和 Pernis 产业聚集区，有 8 家成员参与的"工业余热利用"项目启动。1999 年，这些厂商测试了项目在技术、运营和经济方面的可行性。到 INES Mainport 项目后期，随着一些新成员的加入，将工业余热输送到鹿特丹市供热系统的条件已基本具备。2002 年，鹿特丹市政当局决定为供热系统提供资金，承诺一旦废热利用失败则负责建立安全网。壳牌公司的余热先供应到市政供热系统。按照扩张规划，到 2020 年将有更多余热提供给 Zuid - Holland 省的南部地区。除了供热，CO_2 的利用也是该项目的一部分。在实施过程中，新建立的一家私人企业负责将 CO_2 从壳牌公司在 Pernis 的工厂传输到鹿特丹北部的 500 家温室企业。在这个过程中，Deltalings 联合会、鹿特丹港口当局、鹿特丹市政当局融入了用来提高经济和生态绩效的各种组织框架中。

三 美国模式

生态工业园区是产业共生重要的实践形式。美国最早提出生态工业园区的概念。从 1993 年至今，美国已有 20 个城市规划建立了生态工业园区，并在马里兰州的 Fair field、弗吉尼亚州的 Cape Charles、得克萨斯州的 Brown sville、田纳西州的 Chattanooga 4 个生态工业园区开展示范建设。1994 年，美国总统可持续发展委员会和 EPA 运用产业共生理念，在全国范围内实施了 15 个生态产业园区项目。1995 年，美国增加生态园区试点，分别在马里兰州、弗吉尼亚州、得克萨斯州和田纳西州 4 个州开展生态工业园的试点工作。2006 年，芝加哥市政府开展构建产业共生体系的工作，目前成员已超过 80 家。在堪萨斯州、俄亥俄中部和休斯敦等地，产业共生也相继实施。

四 英国模式

英国是产业共生发展的鼻祖，也是世界上第一个建设产业共生的国家。2005 年，英国 NISP 全面启动，并获得了英国政府 600 万英镑的专项拨款。该项目的主要执行者是 International Synergies Limited，它免费为企业提供废物交换与再利用项目，其运作经费来源于当地政府的垃圾填埋税。目前，NISP 在英国有 12 个区域性小组并建立了全国性的联系网。项目成员已接近 13000 家，累计节约成本和新增销售额合计超过 15 亿英镑，避免废弃物填埋约 3500 万吨，节省原材料近 4800 万吨。

五 日本模式

日本在产业共生建设方面做了大量的工作，例如，川崎在促进钢铁与建材、化工等产业的物质和能量交换方面，形成产业消纳城市废物为特色的共生体，被称为城市共生。日本还提出了与生态工业园区类似的零排放社会的概念，川崎零排放工业园区利用湿地处理废水，实现物质的循环利用和能量的逐级利用，将废弃物用于水泥、陶瓷制品的生产。日本形成以地方自治组织为主体、政府机构管理和研究机构参与的产、政、研一体化的发展模式，建立了完善的循环经济法律保障体系。其循环经济法律可分为三个层面：基本法、综合性法律和专项法（见表6-1）。

表6-1　日本循环经济法律体系

法律层次	法律名称	制定时间
基本法	《环境基本法》	1993年
	《建立循环型社会基本法》	2000年
综合性法律	《废弃物处理法》	1970年
	《资源有效利用处理法》	1991年
专项法	《容器与包装物的分类收集与循环法》	1995年
	《特种家用机器循环法》	1998年
	《建筑材料循环法》	2000年
	《多氯联苯废弃物妥善处理特别措施法》	2001年
	《车辆再生法》	2002年

六　韩国模式

2003年，韩国政府基于发展资源循环网络和《促进环境友好工业结构法案》（APEFIS），出台了国家级生态工业园示范项目计划，旨在通过发展资源循环网络建立生态工业园区。韩国通过制订15年的计划促使产业综合体改造成生态工业园区。该计划分为三个阶段。第一阶段为基础试验阶段（2005～2009年）。选定浦项、丽水、蔚山、尾浦、温山、半月、始华和清州作为示范园区的试点地区，旨在通过试点产业综合体的建立，发起和推动一些产业共生项目。同时，设立了韩国工业园区股份有限公司（KICOX），取代原来的国家清洁生产中心来履行生态工业园区示范项目的引导、支持和监察职能。第二阶段为网络扩张阶段（2010～2014 年）。韩国继续扶持 8 个示范区，重点向中心辐射型网络中试点链接的工业综合体传播知识和经验，扩大物理交换网络，希望能够产生产业共生的商业化行为。另外，项目经费并不直接用于支持参与共生的企业，而是用于支持区域 EIP 中心。第三阶段为完成阶段（2015～2019 年）。旨在发掘 2～3 个成功的生态工业园区模式，并根据前几个阶段的经验教训建立全国性的产业共生体系。

第二节　国内典型模式

当前，我国的产业共生实践还处在初级阶段。我国循环经济工业园区的发展依次经历了经济技术开发区、高新技术产业开发区、生态工业园区 3 个阶段。其中，生态工业园区所占比例最大，生态工业园区也是我国产业共生循环经济建设的主要形式，目前，国家层面的生态工业园区有贵港国家生态工业（制糖）示范园区等，为我国产业共生园区循环经济发展提供了很好的经验借鉴。

一　广西贵港模式

广西贵港国家生态工业（制糖）示范园区是我国首个国家级生态工业示范园区。目前已经形成了两条较为完善的生态工业链。一是用甘蔗榨糖，榨糖后的残渣用来造纸，把在纸浆生产过程中产生的废碱回收利用，留残的白泥用来生产建材。二是把榨糖过程中产生的废糖蜜用于酒精制作，用酒精废液生产出甘蔗复合肥再回用到蔗田。示范园区以贵糖公司为核心，拥有蔗田、制糖、酒精、造纸、热电联产和环境综合处理 6 个系统，这 6 个系统产生的副产品、废弃物等物质和能量相互交换，构建了比较完整的"甘蔗－制糖－酒精－造纸－热电－水泥－复合肥"产业共生网络，实现了企业与行业之间优势互补，园区内资源的最佳配置，环境污染程度显著降低。

产业共生网络具体有：①蔗田系统。建成现代化甘蔗园，保障园区制造系统有充足的原料供应。②制糖系统。通过制糖新工艺改造、低聚果糖技改，制造普通精炼糖以及高附加值的有机糖、低聚果糖。③酒精系统。有效利用甘蔗制糖的副产品——废糖蜜，制造能源酒精和高附加值的酵母精。④造纸系统。充分利用甘蔗制糖的副产品——蔗渣，生产高质量的生活用纸和文化用纸及高附加值的 CMC（羧甲基纤维素钠）。⑤热电联产系统。保障园区生产系统的动力供应。⑥环境综合处理系统。通过处理废气、废水，向园区提供用水以节约资源。这些生态链相互利用废弃物作为自己的原材料，既节约了资源，又能把污染物消除在工艺流程中。整个物流中没有废物概念，只有资源概念，各环节实现了充分的资源共享，变污染负效益为资源正效益（见图6－2）。

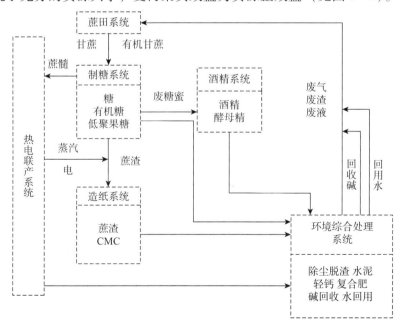

图6－2　广西贵港国家生态工业（制糖）示范园区产业共生体系

二 宁波北仑模式

宁波北仑临港形成了钢铁、长三角南翼重化工基地，初步形成了具有北仑特色的临港产业共生系统。通过补链、整合、提升等系列措施，推进资源集聚共享。企业间相互共生、产业间要素共享、区域内能源互供并梯级高效利用的临港产业共生体系已初具规模，从各自为政到组团共赢，产业共生成为北仑临港经济快速发展的新引擎。

北仑区临港产业共生有以下特点。一是产业高度集聚，分布相对集中。在北仑区 585 平方公里的区域内，集中了几乎所有门类的临港重化工业，不同临港产业的高度集聚为构建区域性产业共生系统创造了有利条件。二是龙头企业规模大，产业集中度高。临港重化工业中的龙头企业都具有较大规模，企业内部物质和能量的梯级利用已在一定范围内展开。产业链的延伸和拉长有利于资源在上下游环节得到综合利用，形成纵向耦合系统。三是重点行业间关联度较高。围绕能源、石化和钢铁等支柱产业的发展，着力引进补链厂商，全区临港部门的产业链、产品链和废物链得到逐步完善。

三 天津欧盟滨海模式

面对日益严重的环境压力和资源约束，天津开发区决定通过产业共生模式来推动区域循环经济的发展。2009 年，天津开发区管委作为欧盟滨海产业共生项目的主要申请方申请了欧盟"Switch - ASIA"项目。欧盟滨海产业共生项目共有产业共生网络和环境管理系统建设两大板块。产业共生网络板块将致力于促进开发区内工业企业间副产品交换、资源对接、商业合作及产业链最终的形成。环境管理系统建设板块将为企业提供 ISO14001 培训、快速审计等服务，为企业最终获得 ISO14001 认证提供帮助，并希望通过开展产业共生、建立中小企业的环境管理体系、建立地方中小型供应商绿色产业链，促进天津滨海新区企业的可持续生产，并创造一个有利的政策环境，促进滨海新区、天津及全国的可持续生产，同时开展工业企业产业共生网络的实践活动，在此基础上，将其推广到国内其他区域或促成全国性的产业共生项目。

此次欧盟滨海产业共生项目约有 250 家企业积极参与。各企业在欧盟滨海产业共生项目的合作过程中，既实现了经济效益，又实现了环境效益和社会效益。在经济效益方面，企业通过产业共生降低了主、副产品的运输成本，缩短了交易时间，在一定程度上规避了寻找合作伙伴的风险；通过企业的大量集聚产生一定的规模效益，促使专业化分工和协作，使得企业在没有负外部性的情况下，有效提升各企业的生产效率和竞争优势，自欧盟滨海产业共生项目实施以来，已为各对接企业增加收入数万元。在环境效益方面，欧盟滨海产业共生项目的实施促进了产业间副产品的相互利用和废物的资源化，降低了资源流动速度，通过资源梯次利用，延长了资源的使用寿命；借助产业共生及时反馈各产业资源的使用状况及循环利用水平，实现了从源头控制物质的直接投入，缩小了资源流动规模，实现了物质减量化的目标。在社会效益方面，通过产业共生，企业间总资源得到较好地节约利用，污染物得到较好的控制，创造了更多的绿色产品以满足人们绿色消费的需求。而且随着产业共生网络建设和运营的日趋完善，产生集聚效应吸引更多企业参与进来，不断地扩大产业共生的覆盖范围，形成良性循环。欧盟滨海产业共生项目部分效益情况如表 6-2 所示。

表 6-2　欧盟滨海产业共生项目部分效益情况

企业名称 \ 效益指标	节约原材料量/t	减少填埋量/t	减少碳排放量/t	增加收入/元	节省开支/元
嘉吉食品（天津）有限公司	13	13	32	—	910
泰达威立雅污水处理厂					

续表

效益指标 企业名称	节约原材料量/t	减少填埋量/t	减少碳排放量/t	增加收入/元	节省开支/元
博维（天津）特种非织材料有限公司	20	20	39	40000	1400
天津丰通再生资源利用公司					
天津三星光电子有限公司	8	8	103	14300	550
泰鼎环境科技有限公司					
嘉吉食品（天津）有限公司	9	9	31	18000	630
优利科物业管理有限公司					

第三节　国内外典型模式的经验总结

通过总结国外丹麦卡伦堡模式、荷兰鹿特丹临港模式、美国模式、英国模式、日本模式、韩国模式，以及国内广西贵港模式、宁波北仑模式和天津欧盟滨海模式等典型产业共生模式，得出以下主要结论。

一　产业共生实践形成了一定的"中国特色"

尽管我国产业共生模式的发展存在一定差异，但这些循环经济园区的实践具有一些共同特征，体现了一定的"中国特色"。例如，我国循环经济园区建设大多采用政府主导的组织方式，即绝大多数园区的推动者和决策者都带有政府色彩，尤其是经济技术开发区和高新技术产业园区。我国循环经济园区呈现典型的动态特征，产业链招商是我国循环经济园区建设的重要手段。在基础设施建设方面，我国的循环经济园区的中水和能量基础设施往往集中建设，而废物处理与循环利用的基础设施建设则是高度分散。我国正在开展着世界范围内最大规模的产业共生实践，国家部门批准建设的循环经济园区或循环经济试点项目数量很多，省市层面的项目则更多。

二　产业共生没有形成固定的"中国模式"

我国产业共生实践项目数量众多，在参与主体、核心能力培养和资金流等方面形成了一定的"中国特色"，但并没有形成固定的"中国模式"。我国产业共生实践形式包括生态工业示范园区、循环经济试点园区、城市矿山和"两型"试点园区建设等。其中，生态工业示范园区发展最早，其管理架构和机制更为系统。目前，我国生态工业园区基本形成了"有标准可依、依标准建设、据标准考核"的管理架构，从最初的示范试点带动逐步过渡到通过建立长效机制来促进园区有序生态化改造的阶段。

三　我国还没有建立全国性的产业共生网络

与国外相比，我国缺乏全国层面的产业共生总体布局，缺乏造就这一全局网络的推动者。目前，有关部门已经对我国的产业共生实践开展了阶段性和局部的评估，但总体评估还没有开展。从关键参与者方面来看，我国形成了"高层政府引领－管委会驱动－企业实施－科研单位－公众参与"的网络体系。然而，这个网络中并不存在类似于卡伦堡产业共生协会或韩国EIP中心的组织机构，这导致产业共生失去了持续推进的主体。园区办公室往往流于形式而难以履行其职能，规划编制单位由于缺乏持续资金支持往往有心无力。主体的缺失导致了产业共生核心能力的缺失。从资金流方面来看，我国对于产业共生建设的资金支持基本停留在零敲碎打的模式上，尚没有建立起稳定的、可持续的资金流模式，既没有类似于韩国的园区专项资金支持，也没有类似于英国填埋税或日本循环再造费那样稳定的资金支持，更没有针对园区整体持续的资金支持机制。

第七章　基于产业共生的园区循环经济模式探索

本章是产业共生园区循环经济发展模式的实践部分。产业共生发展模式作为可持续发展战略的重要手段和主要途径，越来越受到我国各级政府的关注和重视，各地根据区域实际开始产业共生发展模式的实践探索。

第一节　临潭县生态农牧业自主共生模式

一　临潭县循环经济产业园区概况

临潭县，古称洮州，位于甘肃省甘南藏族自治州东部，地处青藏高原东北边缘，北秦岭西端，属青藏高原和黄土高原的过渡地带，自古被认为是中国西部"汉藏聚合，农牧过渡，东进西出，南联北往"的重要门户，藏、汉各民族进行"茶马互市"的旱码头。临潭县东北与康乐县、渭源县接壤，东南与岷县相邻，其余地区均在卓尼县境内。临潭县共辖 3 镇 16 乡 141 个行政村，总面积 1557.68 平方公里，2018 年常住人口 14.18 万人，有汉、回、藏、蒙古等 10 个民族，少数民族人口占总人口的 26%。

临潭县循环经济产业园区地处城关镇、冶力关镇和新城镇三地，具有较好的区位条件和交通条件。全县形成了以东西贯穿全境的省道306 线和南北贯通全境的省道 311 线为主干的县乡公路网。县城距省会兰州 345 公里，距自治州所在地 78 公里。冶力关镇以省道 311 线与兰临高速公路相连，距兰州仅 160 公里。新城镇地处县域中部的省道 306 线和 311 线交汇点，距县城 35 公里。

二　生态农牧业自主共生模式构建

临潭县循环经济产业园区以种植、养殖和农副产品加工基地为核心，围绕三大基地建设优化产业布局，实现生产、加工、销售一体化，形成市场牵龙头、龙头连基地、基地带农户的产业发展模式。综合利用牲畜粪便、废水及屠宰加工废弃物开发生物质能，提高资源综合利用率和废弃物循环利用率，构建生态农牧业自主共生模式（见图 7-1）。

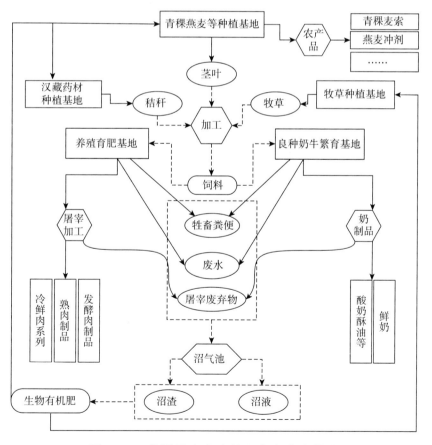

图 7-1　临潭县生态农牧业自主共生模式

种植基地建设以调整和优化种植结构，促进优势作物向适宜区域集中为重点，种植青稞、油菜、汉藏药、豆类、燕麦、日光温室蔬菜、牧草等作物，为农产品精深加工提供原料。养殖基地建设以发展基础母畜，推动传统畜牧业向规模化、标准化养殖业转变为重点，养殖牦牛、奶牛、藏羊、生猪等牲畜，推动饲产品、肉食品和乳制品加工发展。农副产品加工基地以合理开发农副加工产品及综合利用加工产生的废弃物为重点，积极引进推广先进工艺技术，全面推行清洁生产，延伸产业链，优化产品开发结构，提高产品附加值，实现了与种植、养殖两大基地有机连接，形成生态农牧业自主共生模式。

综合利用牲畜产生的粪便、废水等废弃物，开发生物质能，优化园区生产、生活用能结构，利用沼渣、沼液，开发生物有机肥，为种植业提供肥料。全面利用牧草和种植产生的秸秆、茎叶等废弃物，发展饲料加工，为园区养殖基地和养殖业发展提供饲料。

三 生态农牧业自主模式的基地建设

（一）规模化生态种植基地

临潭县充分发挥区域自然资源优势，推行"基地＋企业＋农户"种植模式，建设规模化生态种植基地。引进培育高产优质节水新品种，推广节约型农业技术、持续低温期保温技术，提高病虫害综合防治水平，提高水资源节约及循环利用水平。

以全县 16 个乡镇为基础，临潭县引进优质高产双低杂交油菜新品种，推广华协 1 号、青油 303、331、E144 等优质杂交油菜，采用地膜覆盖、膜侧种植等旱作技术，建设油菜生产基地；采用先进生产工艺技术，开发各类高原绿色营养保健食品，建设燕麦生产基地；种植柴胡、黄（红）芪、党参、当归等汉藏药材，实现多元化种植、规模化加工，建设汉藏药材生产基地。

以城关、古战等乡镇为重点，完善青稞良种繁育体系，建设青稞生产基地；以新城、冶力关等乡镇为重点，引进适用抗旱早熟品种，推广全膜双垄沟播种技术、微垄覆膜集雨技术，建设豆类生产基地；以城关、新城等乡镇为重点，建设节能型日光温室和塑料大棚，配套温室膜面集雨池、温室滴灌系统，生产辣椒、番茄、芹菜等蔬菜，建设日光温室蔬菜生产基地；以新城、长川等乡镇为重点，调整种植结构，增加多年生优质饲草种植面积，建设饲草生产基地。

（二）标准化生态养殖基地

1. 牦牛藏羊养殖与育肥

临潭县以中西路城关、卓洛等乡镇为基础，依托金洮良种牛繁育基地、南门河牛羊养殖示范园区等，采用暖棚和舍饲养殖，推行"基地＋农牧户"协议养殖模式，鼓励育肥大户辐射带动分散养殖农户，引进优质品种，建立"核心群－繁育群－生产群"三级良种繁育体系。

加强疫病防治、饲草科学搭配等工作，采用先进环境控制、饲草料加工调制、接羔育幼、繁殖季节控制等养殖技术，完善牲畜粪便收集、污水处理等设施，提高经济效益和生态效益。

2. 荷斯坦良种奶牛繁育

临潭县以城关、新城和沿省道306、311的乡镇为基础，依托华新奶牛养殖场等，采取"公司＋基地＋农户"的经营模式，发挥龙头企业带动作用，为园区规模化养殖场、奶牛标准化养殖小区提供良种奶牛。

发挥荷斯坦奶牛产奶量高的优势，完善暖棚牛舍、窖池等基础设施，采用现代化奶牛养殖模式，建设荷斯坦奶牛规模化繁育养殖场。开展奶牛生产性能测定和种公牛遗传评估，推行奶牛良种等级、标识管理制度，加强饲养管理。合理利用牧草、秸秆资源，注重奶牛粗、精、青饲料的调配比例，有效提高饲料的营养价值和利用率。开展良种奶牛养殖与先进养殖技术示范应用推广，为奶牛产业化布局提供支持。

3. 生猪养殖与育肥

临潭县以流顺乡生猪产业带为基础，逐步扩大区域，扶持新城、店子、王旗、流顺等乡镇的 2500 户养猪户和仔猪繁育场，进行圈舍改建和繁育场建设。加大良种猪改良力度，以县良种猪场为基础，建设种公猪推广示范村，引进杜洛克种公猪、大约克夏种公猪、母猪。

（三）农副产品加工基地

1. 农产品加工及资源综合利用

临潭县加大招商引资力度，重点扶持农产品加工龙头企业，吸引龙头企业参与标准化基地建设；改造现有其他加工企业，引导企业引进农产品加工、保鲜、储运技术和设备；延伸产业链条，促进农产品向精深加工方向发展，提高档次，打造品牌，扩大产品市场影响力和知名度，推进农产品商品转化率，提高市场占有率和辐射带动能力。

近期，临潭县依托宏盛粮油收储公司，引进先进的菜籽油加工设备，对油菜籽进行精细加工，生产国际标准二级和三级精炼油。结合不同消费群体的口味，生产多种系列产品，并利用油渣中富含蛋白质、维生素的特点，进行配方饲料的加工。

中远期，临潭县依托临潭县高原绿色食品厂，生产野燕麦营养粥、野燕麦冲剂、人生果、蚕豆粉、豌豆粉、青稞麦索等主导产品；采用传统工艺和新技术相结合的方式，改进和完善杂粮生产加工工艺，保持原汁原味营养成分，形成特色品牌。

2. 汉藏药加工及资源综合利用

临潭县依托丰富汉藏药资源，采取科学、合理、高效的生产工艺，将现代科技融入生产，采用现代化设备，通过招商引资，引进开发企业和高技术人才，组建汉藏药精深加工基地，研制和生产杀菌消炎、防感冒、抗疲劳、调理人体功能的汉藏药品和保健酒等系列保健品。

汉藏药加工企业引进超微粉碎、二氧化碳超临界萃取、新型吸附分离纯化、膜分离等先进提取加工工艺，提升汉藏药材中间体提取、分离和纯化水平，积极开发各类新剂型。采用包合、固体分散、微型包囊、缓释控释等生产技术、设备，建设自动化医药生产线，全面开发颗粒剂、涂膜剂、膜剂、气雾剂、栓剂、针剂、合剂、口服液、中西药组方制剂等高效汉藏药新剂型。

运用浸提法生产保健酒，采用降度用水，经调色、调糖、调酸和微调等匀调环节，再经冷冻过滤、贮存等程序，生产色泽净雅、口感较好的各类富含汉藏药成分的保健酒。同时，利用现代微生物菌种选育技术，选育对酿酒有益的优势菌种，运用气相色谱分析法进行成分检测，适当采用食品添加剂调整食品结构，提高质量档次，延长保质期，采用现代科技进行催陈处理。同时广泛开展与高校和科研单位的合作，进一步开发保健酒新产品。

建设完善副产品及废弃物回收利用体系。综合利用各类药渣、废水，采用先进适用技术，开发饲料添加剂、食用菌培养基等产品，提高废弃物综合利用效益。采用先进工艺处理制药、酿酒废水，配套完善废水收集和中水回用设施，将经过深度处理的废水回用于企业生产、灌溉、冲洗等环节，提高水资源节约和综合利用水平。

3. 饲草料加工及饲料综合开发

依托紫金花草产业有限责任公司等核心企业，做大饲草饲料加工业。利用青贮、青干的饲草和农区的作物秸秆、饲料粮，针对不同畜种和不同生育期，开发压缩苜蓿草、燕麦块、草颗粒、草捆等产品，建设饲草料储备库。引进先进生产技术设备，与省内外饲料科研单位联合研发适宜高寒地区牲畜的配方饲料、颗粒饲料以及饲料添加剂，综合利用废弃蔬菜茎叶、中药材秸秆、药渣，以及牛羊骨、血、屠宰加工等各类废弃物，重点开发蛋白饲料、矿物饲料、饲料添加剂预混料等功能性饲料产品。

4. 肉食品加工及资源综合利用

临潭县依托金洮州清真肉食品开发有限公司，重点发展牦牛、藏羊的屠宰加工业，依托园区牦牛藏羊养殖与育肥基地，与临潭县及周边区域牦牛、藏羊专业化养殖场、养殖户建立协议关系，拓展并巩固企业屠宰加工的原料保障体系。

肉食品加工企业采用先进工艺技术和设备提升生产水平，优化企业产品开发结构，重点开发牦牛、藏羊优质分割肉丁、肉片、肉丝冷鲜肉系列产品，依托企业冷库和园区冷链物流体系建设，初步构建"专业化屠宰、冷链运输、优质冷鲜肉消费"的主导产品开发体系。全面回收利用牛羊内脏、骨头、血液、废水等各类屠宰加工副产品及废弃物。加大招商引资力度，重点建设肉食品加工生产线，延长肉食品加工业产业链，完善产品体系。采用先进的生产工艺，开发熟肉制品、发酵肉制品等。

5. 高原优质奶制品综合开发

临潭县依托华新奶牛养殖场等企业，加大招商引资、政府投资及政策支持力度，采用全自动挤奶、输送、储运等先进技术、设备，构建以鲜奶生产储运为核心，全面开发鲜奶、酸奶、酥油、奶酪等系列奶制品。完善废水处理及循环利用体系，提高资源综合利用率。

近期，当地依托华新奶牛场，建设贮藏室、标准化乳品加工车间，完善企业节能、节水、废弃物处理及回用等资源综合利用相关技术、设备及配套设施，进行清洁生产。建设完善的鲜奶冷链储运体系，采用直冷式奶罐、奶罐运输车等先进设备，提升原料检测、制冷压缩、杀菌浓缩、喷雾干燥、全过程低温控制等关键环节技术水平。

中远期，当地延长鲜奶产业链，完善产品结构。采用高效加热、分离、制冷、发酵、自动化灌装等先进技术、设备，重点开发酸奶、酥油、奶酪等系列特色奶制品，实现年产优质酸奶 500 吨、精装酥油 200 吨，以及鲜奶酪、酸奶酪等系列产品 400 吨的生产规模。配套建设废水、废液分离、处理及循环利用设施，全面提高鲜奶产业经济效益。

四　生态农牧业自主模式的配套体系构建

（一）冷链物流

临潭县全面推进肉食品加工企业生产线温控设施改造工程，加强排酸、预冷、低温加工等先进技术推广和配套设施建设。采用冷藏运输、全程控制、监控等先进技术、设备，扩建冷鲜肉及鲜奶储运体系，建设冷藏库、低温配送处理中心等设施。加强乳制品企业低温设施建设，建立健全乳制品标准化冷链管理制度，建设鲜奶收购、加工及乳制品储藏、运输、销售等全过程低温控制的冷链储运体系。

（二）饲料加工

当地以"一特四化"草产业带建设为依托，充分利用优质饲草资源和周边区域农作物秸秆资源，采用先进配方、切割、粉碎等技术，完善青贮氨化等设施，重点开发耐贮存、易运输、养分全的青贮饲料、优质干草粉、块状饲草料等产品，推动饲料加工业向规模化、专业化发展。全面回收利用废弃蔬菜茎叶、中药材秸秆，屠宰加工业牛羊骨、血、屠宰加工废液，以及汉藏医药产业药渣等各类副产品，重点开发蛋白饲料、矿物饲料、饲料添加剂预混料等功能性饲料，优化饲料产业产品结构。建设完善抗灾保畜饲草料储备体系，扩大饲草料产业规模。

（三）疫病防治及食品安全

临潭县采用先进设备、仪器，完善应急物资储备库、疫病测报中心、监督检验中心、检测点、信息网络等附属设施，建设园区养殖及加工产品质量安全监控系统，形成防疫控疫高效、监督管理规范的疫病防治及食品安全监督体系，提升产品生产质量，保障园区及全县养殖业、农副产品加工业高水平、可持续发展。

（四）技术推广与服务体系建设

1. 推广先进节约生产技术

临潭县积极推广节肥技术。综合采用科学配方施肥技术，增施有机肥等措施，优化配置肥料资源，合理调整施肥结构，降低农业面源污染。推广节药技术，使用高效、低毒、低残留农药，研发引进物理、生物等综合防治技术，鼓励使用新型防治施药器械，提高农药利用效率。推广节能技术。使用节煤（柴）灶、节柴炕、太阳灶等农业节能设施，推广节能型日光温室、塑料大棚等。

推行企业清洁生产。当地通过引进研发新技术、新设备，加快改造工艺流程，淘汰落后生产技术，从源头上控制污染，重点突出节水、减排、废水废渣综合利用，建设废水沉淀池，进行废水循环利用与废渣综合利用，减少生产过程中的污染物排放量。

2. 建设服务体系

临潭县加快建设县、乡、村三级农牧业社会化服务体系，增强基层技术服务能力，为新技术应用和农业产业化提供保证。重点建设城关、新城、冶力关、王旗、洮滨供种站，实现种子统一经营，发挥良种增产增收作用；重点建设城关农机化培训学校，改善培训条件，加强农机的应用与推广；重点建设城关、新城、冶力关、王旗、店子中心乡站，建立健全各项制度，为种植业生产提供技术服务指导；重点建设城关、新城、冶力关、王旗、洮滨兽医站、良种繁育站、动物防疫体系等，为农牧民提供家畜防疫、疾病治疗、配种、畜种改良等服务。

第二节 卓尼县农畜产品加工复合共生模式

一 卓尼县循环经济产业园区概况

卓尼县，地处青藏高原东部，位于甘肃省甘南藏族自治州东南部。东接岷县、漳县，北靠渭源县、康乐县、和政县，南邻迭部县，西通合作市，中部与临潭县接壤。全县总面积 5419.68 平方公里，共辖 3 镇 12 乡 98 个行政村，2018 年常住人口 10.66 万人，有藏、汉、土、回、蒙古等 10 个民族，其中藏族人口约占全县总人口的 63%。

卓尼县循环经济产业园区地处卓尼县县城西南，洮河上游 20 公里处的喀尔钦乡，交通条件便利，土地、水、电、通信等条件良好。卓尼县的交通状况随着兰渝铁路的全线开通得到进一步改善，区位封闭性大大降低，与外部联系的便捷性和可达性大幅提升。

二　农畜产品加工复合共生模式构建

卓尼县重点围绕特色农产品加工，高原蔬菜加工保鲜，野生珍菌山野菜加工产业，牦牛、藏羊、生猪等精深加工产业，积极发展农畜产品加工业，构建农畜产品加工复合共生模式，提高了资源综合利用率和废弃物循环利用率，提升了经济效益和生态效益（见图 7-2）。

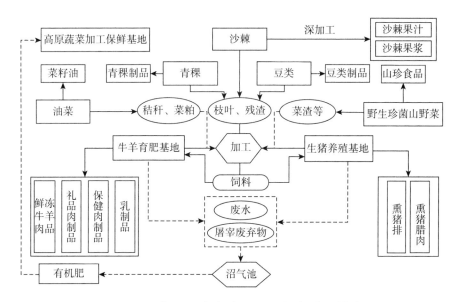

图 7-2　卓尼县农畜产品加工复合共生模式

卓尼县积极引进和推广先进技术工艺，全面推行清洁生产，延伸产业链，优化产品开发结构，提高产品附加值，实现与种植、养殖有机连接。全面利用加工原料产生的菜粕、枝叶、菜渣等，发展饲料加工产业，为园区养殖和全县畜牧业发展提供饲料。优化园区生产、生活用能结构，利用沼渣、沼液，开发生物有机肥，为种植业发展提供肥料。

（一）沙棘深加工及资源综合利用

卓尼县立足当地充足沙棘资源，依托青稞酒厂，加大政府支持力度，采用全自动、全封闭加工生产工艺，以沙棘果汁饮料生产为核心，综合加工沙棘果实、枝叶、种子，综合开发果汁、果浆、沙棘油、沙棘茶、果汁粉末等各类产品；利用沙棘枝叶及加工残渣，开发优质饲料，构建沙棘综合利用产业链，完善废水处理及循环利用体系，提高资源综合利用率（见图7-3）。

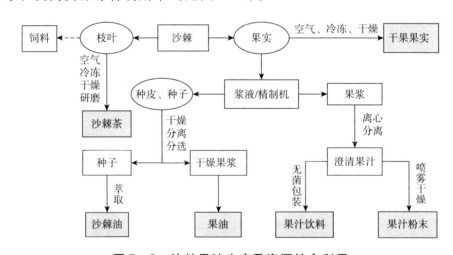

图7-3　沙棘果汁生产及资源综合利用

近期，卓尼县重点强化品牌推介、市场拓展工作，巩固原料供给。引进精制机等先进设备，提升原料检测、离心分离、萃取、喷雾干燥等关键环节技术水平，重点开发沙棘果汁饮料产品，年产量实现3000吨。

中远期，为延长沙棘加工产业链，完善产品结构。卓尼县积极探索建立现代产品研发和检测机构，采用生物酶工程、速冻脱果、高速分离、超高温瞬时灭菌、无菌包装等先进技术，重点开发沙棘果浆、沙棘果油。企业完善节能、节水、废弃物处理及回用等资源综合利用技术、设备及配套设施，提升清洁生产成效。实现年产沙棘果浆 5000 吨、沙棘果油 10 吨、副产品沙棘籽 500 吨。同时，积极探索开发沙棘茶、沙棘油、果汁粉末等产品。

（二）菜籽油生产及资源综合利用

卓尼县依托雪域生态食品有限责任公司，引进成套先进精炼设备，采用"预榨 - 浸出"工艺流程和电脑程序控制，结合传统与现代工艺，采取残粕含油量低、出油效率高的浸出法，保证油品特有营养物质及浓厚香味，生产适合西北烹调习惯的浓香菜籽三级、四级油。同时，副产品菜粕经脱毒和去除抗营养成分，混合玉米等淀粉质原料、油菜秸秆等，生产配方饲料，提高产品附加值。实现年产浓香菜籽油 8000 吨、菜籽粕 11000 吨。

（三）杂粮深加工及资源综合利用

当地依托丰富资源，组建现代化杂粮生产企业，加工以青稞、大豆、小豆为原料的系列产品。产品市场定位省内各地级市，采取直销销售方式，提高产品的知名度，创出名牌，扩大产品生产规模。根据市场不同季节的需求调整产品的品种规格，满足市场对不同档次、不同品种的需求。充分利用加工产生的麸皮、豆皮，发展饲料加工产业。实现年产杂粮系列产品 600 吨。

（四）绿色蔬菜加工保鲜基地建设

凭借国家无公害蔬菜生产基地认定和产品认证，卓尼县以辣椒、番茄、黄瓜、西瓜、西葫芦等蔬菜为重点产品，采用低温速冻生产工艺，通过预冷、加工、贮存和冷藏运输，保持其外观、色泽、营养成分及风味物质，延长保存期，调剂淡、旺季市场需求。同时，加强蔬菜新品种选育工作、推广无公害蔬菜生产，改进设施栽培技术，注重果蔬贮藏加工，构建蔬菜产业化运作模式，实现由传统生产向现代生产转变，逐步建立现代化生产流通体系。收集掩埋生产过程中产生的毛菜废弃物，沤制肥料，净化沉淀澄清洗菜污水，用作园林绿化与农业用水。实现蔬菜规模化种植、统一收购、冷藏保鲜、深加工为一体的产供销体系。实现年产高原蔬菜 8000 吨，产值达到 5000 万元。

（五）野生珍菌山野菜产品加工

利用野生珍菌、山野菜等资源优势，卓尼县依托丰原高原山珍食品厂，培育龙头食品加工企业，规范产品质量管理，实施名牌战略，建设真空冻干脱水食品生产线，开发冻干山野菇、冻干羊肚菌、冻干蕨菜、冻干冬虫夏草等系列产品。实现年产真空冻干脱水食品产量100 吨。

（六）高原特色熏肉生产加工

卓尼县依托雪域熏肉食品有限责任公司，采用"企业 + 基地 + 农户"生产经营模式，以建设年产仔猪 2000 头、生猪育肥 1000 头的生产基地为基础，将仔猪投放到养殖农户，实行统一管理、分户饲养、统一收购加工、销售，发展订单畜牧业。引进全自动屠宰分割设备制冷、冷藏设备，腌制、熏蒸及包装设备，检验设备、机修设备、污水处理设备，对 120 千克以下优质瘦肉猪，采用先进屠宰和熏肉加工、现代降尘处理技术，生产无添加剂、质量符合无公害产品标准的绿色产品，并重点开发熏腊肉、熏猪排等系列产品。实现年屠宰生猪20000 头，年加工熏肉 2000 吨。

（七）牛羊育肥及精深加工

卓尼县依托兴发综合养殖场等重点企业，采用"企业＋基地＋农户"的经营模式。坚持龙头企业和基地共建，统一管理，科技养殖，保障肉源质量；坚持基地带农户运作模式，依托园区肉牛育肥基地和牦牛藏羊养殖与育肥基地，与周边农户签订养殖协议，拓展并巩固企业屠宰加工原料保障体系。实现年屠宰肉牛 25000 头，生产优质牛肉5000 吨，牦牛 3 万头、藏羊羔羊 20 万只，加工规模达到 5000 吨。

近期，卓尼县重点强化对企业的扶持和引导力度，采用先进技术工艺和设备，提升企业生产水平，优化企业产品开发结构。重点开发肉丁、肉片、肉丝等鲜冻牛羊肉品，酸奶、酥油等系列奶制品。建设企业冷库和园区冷链物流体系，构建以专业化屠宰、冷链运输、优质鲜冻肉消费为主导的产品开发体系。回收利用牛羊内脏、骨头、血液、废液废水等屠宰加工副产品及废弃物，开发骨粉、动物蛋白、氨基酸等添加剂类生化制品。实现年产牦牛、藏羊各类肉产品 4000 吨，奶制品 1000 吨，饲料添加剂、食品添加剂等各类生化制品 2000 吨。

中远期，卓尼县将加大招商引资力度，延长产业链，完善产品体系。采用先进生产工艺，重点开发小包装分割及礼品肉制品、药膳保健肉制品、牦牛鲜骨骨髓油茶粉、牦牛肉干等产品。实现年产各类肉制品 5000 吨、牦牛鲜骨骨髓油茶粉 1000 吨、牦牛肉干 300 吨。形成以鲜冻牛羊肉品为核心，小包装分割及礼品肉制品、药膳保健肉制品、乳制品开发为重点，牦牛鲜骨骨髓油茶粉、牦牛肉干有效补充，废弃物生化制品全面开发的格局。

（八）饲料加工及资源综合利用

卓尼县依托"一特四化"草产业带建设，充分利用优质饲草资源和周边区域农作物秸秆资源，采用先进配方、切割、粉碎等技术，完善青贮氨化等设施，重点开发耐贮存、易运输、养分全的青贮饲料、优质干草粉、块状饲草料等产品，推动饲料加工业向规模化、专业化发展。充分利用农畜产品加工过程中的秸秆、菜粕、枝叶、菜渣等资源，全面回收屠宰加工业牛羊骨、血、屠宰加工废液，以及各类副产品及废弃物，生产骨粉、血浆粉、发酵血粉及其他生化添加剂，重点开发蛋白饲料、矿物饲料、饲料添加剂预混料等功能性饲料产品。实现年产加工饲料 5 万吨。

第三节　白银市高新开发区嵌套共生模式

一　区位与经济发展概况

白银市位于黄河上游中段，甘肃省中部。白银市南北相距约 380 公里，东西相距约 140 公里，面积 2.1 万平方公里，2018 年常住人口 173.42 万人。辖会宁、靖远、景泰三县和白银、平川两区。周边与甘肃省、宁夏回族自治区、内蒙古自治区 7 个市（盟）和 13 个县（旗）接壤，南距省会兰州 69 公里，北通宁夏回族自治区、内蒙古自治区，西经河西走廊至新疆，东连陇东。包兰铁路纵贯南北，白宝铁路横穿东西，白银至兰州中川机场 47 公里，与国内主要城市间的航空运输十分便捷；主要干线公路有 109、312、309 国道，兰白高速公路，省道靖天公路，营兰公路，海古公路等（见图 7 - 4）。

白银高新技术产业开发区位于白银市区东南郊，国道 109 线以南、白兰高速公路南北两侧。开发区分为两个片区，分别位于白银市白银区南部和东部。南片区东至白银银光厂，南至东湾庄，西至萱麻窟坨沟，北至 109 国道；东片区位于兰白高速白银东出口处，东至雒家村，南至 109 国道，西至银光铁路专用线，北至沙坡岗。

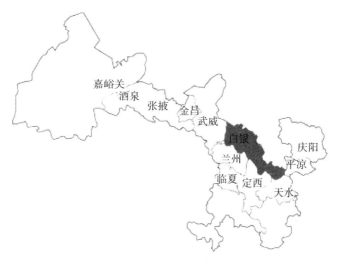

图 7 - 4　白银市在甘肃省的区位

二　发展环境的 SWOT 分析

根据 SWOT 分析，白银市高新开发区发展的有利条件有：产业发展基础雄厚，创新能力增强，创新服务体系完善，产业发展思路清晰，平台运行机制推进等。制约因素有：产业与产品关联程度不高，公共服务设施建设不完善，资源瓶颈难突破，区域间人才、市场等资源竞争加剧等。

（一）有利因素及机遇

一是西部开发战略的深入实施，西部地区承接东部产业转移的能力逐步增强，并具有进行技术含量较高的重大工业项目布局的特殊优势。二是产业发展基础日益雄厚，开发区形成了精细化工生态工业、现代农产品深加工、生物制药与医疗器械、现代装备制造业、新能源与节能环保、有色金属及稀土新材料等主导产业。三是创新能力日益增强，开发区和中科院相关院所、省内外高等院校、省属科研院所建立了密切的合作关系，院地、院企合作不断深化，产学研结合成果显著，形成了较强的科技创新能力和孵化功能。四是开发区致力于积极构建和培育开发区创新服务体系，为企业发展创造良好的外部环境，加大企业技术创新工作力度，推动科技与经济结合，促进科技成果向现实生产力转化。五是开发区从产业的设计和发展上形成生态链，摒弃"资源－产品－废物"的传统线性经济发展模式，建设"资源－产品－再生资源"的循环发展模式。六是开发区为营造良好的创新环境，构筑了技术开发、资本运作和政策服务平台。

（二）制约因素及挑战

一是产业与产品关联程度不高，开发区产业链条总体上还比较短且单一，横向耦合与纵向延伸建设力度较小，尚没有形成创新型企业集群。二是开发区公共服务设施建设不完善，创业服务体系、投融资服务体系、知识产权信息服务体系、科技信息服务体系等体系建设尚不够完善。三是资源瓶颈日益加重，开发区资源量的日渐衰减，资源产出率提高的空间有限，资源瓶颈日益加重；转型方向的选择需要较长时间的分析论证，这与接续产业发展的紧迫性构成了一对矛盾体。四是国家产业政策趋紧、融资困难。五是生态环境脆弱。

三　开发区嵌套共生模式总体框架

目前，开发区的化工及精细化工产业的比重最大，是开发区最重要的产业之一，其中银光集团是核心企业，工业增加值占开发区总增加值的比重达90%。开发区的嵌套共生模式总体框架在产业关联分析的基础上，从循环经济关键链补充和公共服务设施建设方面展开，从物料闭路循环、副产品及废物交换利用、能源梯级高效利用、水的分类循环利用等方面补链；从污染集中防治建设及改造、副产物及废物交换平台、循环经济统计信息化及检测、技术研发及孵化器建设角度规划公共服务设施的建设项目。同时，建立区内外协调机制，共同构建开发区的化工及精细化工嵌套共生模式（见图7－5）。

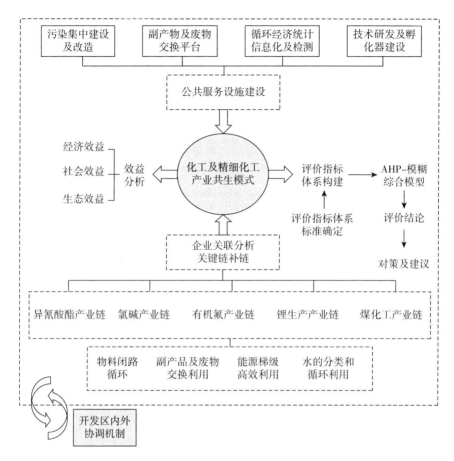

图7-5　开发区嵌套共生模式总体框架

四　开发区嵌套共生模式构建

（一）主要企业关联分析

嵌套共生模式可以看作企业内部循环模式的扩展。在嵌套共生模式中，不仅开发区中的企业在各自进行企业内部循环，而且参与开发区的物料与能量的循环，也建立起更为复杂的循环经济产业链。因此，嵌套共生模式的构建主要是企业及企业间的关联。

与开发区联系紧密的外部企业主要包括兰石化、白银公司、白银中材水泥厂等，这些企业在为开发区内企业提供甲苯、硝酸、尾气硫酸等原料的同时，也将开发区内产生的电石渣等作为原料。开发区内各化工企业之间也通过物质、能源的流动相互关联。其中，围绕银光公司的相关产业和产品，良友试剂有限公司、北方三泰、白银扎布耶锂业有限公司、白银氟化盐有限公司等开展了液氯生产、HCl 副产品利用等配套产业。

开发区将进一步引入刘化集团，为银光公司的 TDI 生产线配套硝酸、一氧化碳和氢气生产，并在此基础上，由金奇化工企业消费刘化集团以及银光公司的粉煤灰渣，用作建材原料或生产固井减轻剂。在能源的再利用方面，银光公司与刘化集团生产过程中的余热又分别为工业区的南区和东区提供集中供暖。开发区内外主要企业之间的关联如图 7-6 所示。

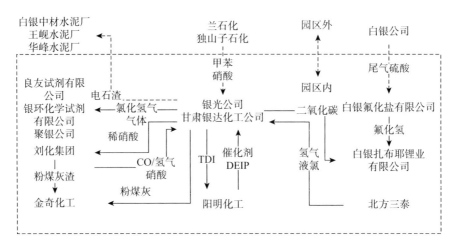

图 7-6　开发区内外主要企业产业共生关联

通过分析可知，企业之间具有比较大的关联性，形成了一定的循环集聚效应，但是产业链较短，龙头企业及其产品对产业的引导和带动作用较小，造成污染监控成本和循环经济技术推广成本较高，资源利用率和废弃物资源化程度较低；在形成闭路循环关键产业链上，缺乏产品间联系和节点企业，这在很大程度上制约了循环连接效应和经济效益的进一步提升。

（二）五大产业链的设计

根据对开发区企业关联的分析，开发区化工及精细化工嵌套共生模式以异氰酸酯产业链、氯碱产业链、有机氟产业链、锂生产产业链和煤化工产业链五大产业链为基础进行构建。

1. 异氰酸酯产业链

银光公司现有生产装置主要是硝化、氢化、光化产业链。主要的工艺流程首先是甲苯同硝酸进行硝化反应后生成二硝基甲苯（DNT），二硝基甲苯同氢气进行氢化还原反应后生成甲苯二胺（TDA），甲苯二胺同光气进行光化反应生成甲苯二异氰酸酯（TDI）。目前生产规模为年产 10 万吨的 TDI，为消化 TDI 过程中的 HCl 气体，配套建设 12 万吨的 PVC 生产线。

异氰酸酯产业链的构建：①随着 TDI 产能的增加，配套增加 PVC 的产能，以消耗 TDI 生产过程中的 HCl 气体，并进一步开发 PVC 的下游产业，例如 PVC 管材、型材的生产；②开发使用 HCl 气体的新途径，例如试剂盐酸、离子交换树脂等的生产，对应的项目为银环化学试剂和良友试剂有限公司的利用化工副产品年产 2 万吨化学制剂产品改扩建项目；③利用光气和双酚 A 等副产物，采用光气界面法缩合生产 PC 生产线，对应的项目为银光公司的建设年产 2 万吨聚碳酸酯生产线；④回收 TDI 生产过程中的 CO_2，利用于碳酸锂生产过程，对应的项目为聚银公司的 CO_2 回收综合利用项目。改造后的异氰酸酯产业链如图 7-7 所示。

2. 氯碱产业链

氯碱产业链起自烧碱项目，包括烧碱、耗碱的 ADC 发泡剂、纳米氢氧化铝阻燃剂等项目。目前生产规模为 10 万吨烧碱，每年为 TDI 产业配套生产 8.5 万吨液氯。

氯碱产业链的构建：①配套 TDI 规模的增长，扩大烧碱的生产规

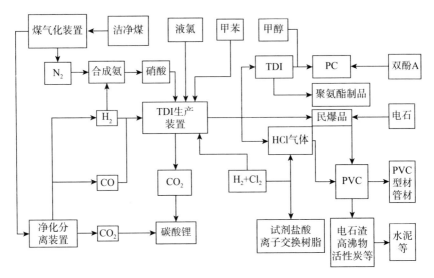

图7-7 改造后的异氰酸酯产业链

模，为TDI产业链提供生产所需的氯气（液氯）；②提取低浓度碱液中的氢氧化钠，建设两条4万吨氢氧化钠生产线，对应的项目是低浓度废碱液回收项目；③配套建设热电联产装置（充足的电力和蒸汽）。改造后的氯碱产业链如图7-8所示。

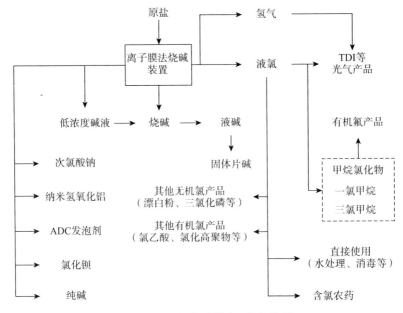

图7-8 改造后的氯碱产业链

3. 有机氟产业链

白银市利用附近比较丰富的萤石资源和白银公司大量的尾气硫酸，发展有机氟系列产品。该产业主要的工艺流程首先是由萤石和硫酸生产氢氟酸和硫化钙，氢氟酸与氢氧化铝反应生成氟化铝。目前生产规模为年产3万吨氟化铝，且针对生产过程中的硫石膏，已建设一条年处理10万吨石膏粉生产线。

有机氟产业链的构建：进一步延伸有机氟产业链，氟化铝可进一步分解成铝和氟化氢，而氟化氢则可再与碳酸锂反应生成氟化锂。

4. 锂生产产业链

目前，锂生产产业链以西藏扎布耶盐湖卤水为原料，通过盐田冷冻、日晒、结晶等工序提取锂精矿，并进一步通过热洗、碳酸化、热分解等工序生产碳酸锂。目前生产规模为年产5000吨工业级碳酸锂和单水氢氧化锂。

锂生产产业链的构建：①以工业级碳酸锂为原料，进行高纯碳酸锂、电池级碳酸锂、金属锂等上游产品的研发、生产，加速资源由初级向精、深、细的层面转化，对应的项目是白银扎布耶锂业有限公司的锂资源精深开发工程项目。②综合利用企业在生产单水氢氧化锂精制液的过程中产生的大量苛化废渣（主成份为 $CaCO_3$，含量约93%以上），通过低能耗焙烧工艺进行资源回收利用生产高活性氧化钙，为企业提供高质量的石灰。对应的项目是白银扎布耶锂业有限公司的碳酸锂深加工过程中苛化废渣的环保节能综合利用项目。③结合太阳能产业、锂电池、镍氢电池、铅酸电池等产业，改善开发区内能源产业的构成。

5. 煤化工产业链

银光公司TDI生产中需大量的一氧化碳、氢气、硝酸，而银光公司现在主要是通过高耗能、高污染的焦炭气化装置，利用焦炭生产所需的一氧化碳和氢气，硝酸则从兰石化购买，运送极为不便。为解决一氧化碳和氢气、硝酸的供应问题，开发区已引入了刘化集团作为 TDI 生产线的上游企业，利用白银市的煤炭资源，进行煤化工生产。

煤化工产业链的构建：为 TDI 项目提供硝酸、氢气、一氧化碳等原料。该产业链起自煤气化项目，包括煤气化、合成氨、硝酸、气体净化及分离等装置。对应的项目是刘化集团公司的洁净煤循环工艺制硝酸、硝基复合肥项目；与该项目配套的是项目产生粉煤灰的使用，对应的项目是刘化集团、金奇化工一起合作的粉煤灰综合利用项目。

（三）化工及精细化工嵌套共生模式

这五大产业链之间通过中间产品、废弃物的综合利用等互相关联，形成了整个开发区内主要产业之间的资源、能源、废弃物的化工及精细化工嵌套共生模式如图 7-9 所示。

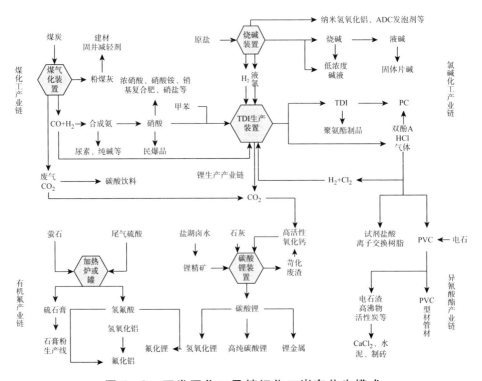

图 7-9　开发区化工及精细化工嵌套共生模式

四　开发区共生模式评价

（一）指标体系标准确定

其中部分数据标准值参考 2005 年原国家环境保护局制定的中华人民共和国环境保护行业标准——工业园区标准，其他数据来源于调研资料。产业共生园区循环经济综合评价指标体系分级标准如表 7 - 1 所示，参考值如表 7 - 2 所示。

表 7 - 1　共生模式综合评价指标体系分级标准值

序号	指标	单位	分级标准				
			很好	好	一般	差	很差
1	水资源重复利用率	%	≥75	75～65	65～55	55～45	≤45
2	固体废物综合利用率	%	100	100～90	90～80	80～70	≤70
3	原材料的重复利用率	%	≥80	80～70	70～60	60～50	≤50
4	产品种类	个	≥80	80～60	60～40	40～20	≤20
5	共生企业数量	个	≥12	12～10	10～8	8～6	≤6
6	*原材料的可替代性		体现产业共生模式的稳定性				
7	资源产出率	%	≥30	30～25	25～20	20～15	≤15
8	单位 GDP 能耗	tce/万元	≤0.5	0.5～1.0	1.0～1.5	1.5～2.0	≥2.0
9	万元 GDP 水耗	t/万元	≤9	9～12	12～15	15～18	≥18
10	单位工业增加值用水量	m³/万元	≤6	6～8	8～10	10～12	≥12
11	*循环经济产业链关联度	%	≥90	90～80	80～70	70～60	≤60
12	可再生能源所占比重	%	≥15	15～12	12～9	9～6	≤6
13	工业固体废物排放达标率	%	100	100～90	90～80	80～70	≤70
14	工业废水排放达标率	%	100	100～90	90～80	80～70	≤70
15	人均公共绿地面积	m²/人	≥15	15～12	12～9	9～6	≤6
16	园区绿地覆盖率	%	≥35	35～30	30～25	25～20	≤20
17	园区政策制定和实施		完善	基本完善	一般	比较缺乏	无

续表

序号	指标	单位	分级标准				
			很好	好	一般	差	很差
18	企业管理制度制定和实施		完善	基本完善	一般	比较缺乏	无
19	信息平台建设		完善	基本完善	一般	比较缺乏	无
20	人均道路面积	m²/人	≥6	6~5	5~4	4~3	≤3

注：＊原材料的可替代性，主要原材料必须在附近容易找到替代品，以缓解原材料短缺对园区造成的冲击，上下游企业对原料产品的供需信息的畅通性要好，体现产业共生模式的稳定性；循环经济产业链关联度，体现产业共生模式的紧密性。

表7-2 开发区共生模式评价指标体系参考值

分类	指标名称	单位	2006	2010	2011	2013	2015
资源产出	资源产出率	万元/t	0.082	0.109	0.113	0.120	0.126
	能源产出率	万元/tce	0.21	0.28	0.29	0.31	0.33
	土地产出率	万元/hm²	565.85	739.21	800.00	940.00	1000.00
	水资源产出率	元/m³	69.69	92.59	96.11	103.55	111.56
资源消耗	单位工业增加值用水量	m³/万元	14.35	10.80	10.40	9.66	8.96
	单位工业增加值能耗	tce/万元	4.72	3.62	3.49	3.24	3.00
	TDI 单位产品能耗	tce	1.15	1.13	1.09	1.01	0.94
	单位二硝基甲苯能耗	tce/t	0.37	0.36	0.34	0.32	0.30
	碳酸锂单位产品能耗	tce/t	—	2.50	2.41	2.24	2.08
	TDI 单位产品水耗	m³/t	6.81	6.48	6.24	5.79	5.38
	单位二硝基甲苯水耗	m³/t	2.23	2.11	2.03	1.89	1.75
	碳酸锂单位产品水耗	m³/t	—	5.67	5.46	5.07	4.70
资源综合利用	工业固体废物综合利用率	%	43.30	80.00	80.00	85.00	90.00
	工业用水重复率	%	—	85.30	86.40	88.00	90.00
	废旧资源综合利用量	万吨	—	45.78	54.00	66.28	70.00
废物排放	二氧化硫排放量	t	422.10	615.10	604.93	585.08	565.89
	化学需氧量排放量	t	151.00	663.85	652.87	631.46	610.74
	氨氮排放量	万吨	14.40	64.70	63.35	60.74	58.23

续表

分类	指标名称	单位	2006	2010	2011	2013	2015
废物排放	氮氧化物排放量	万吨	302.4	548.63	537.19	515.02	493.77
	单位地区生产总值二氧化碳排放量	t/万元	3.16	2.48	2.38	2.21	2.05
	工业固体废物排放量	万t	1.15	4.42	4.32	4.14	3.96
	工业固体废物处置量	万t	0.24	6.36	6.48	6.76	7.02
	工业废水排放量	万立方米	81.81	137.10	134.00	128.00	123.00
其他	循环经济产业链关联度	%	84.66	84.54	85.00	88.00	90.00
	非化石能源占一次能源消费比重	%	7.00	8.00	8.70	10.00	11.40
	可再生能源所占比例	%	7.00	8.00	8.60	9.60	11.10

（二）指标层次结构构建

根据指标体系建立的原则，结合白银高新技术产业开发区的实际情况，构建目标层、准则层、指标层及指标要素层的四层指标体系。各指标元素所构成的层次结构关系如图 7 - 10 所示。

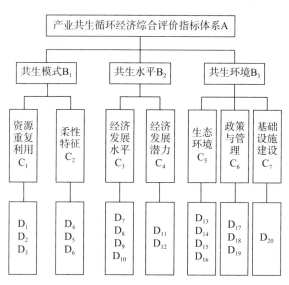

图 7 - 10　白银高新技术产业开发区共生综合评价指标体系

（1）目标层（A）

A：产业共生循环经济综合评价指标体系。

（2）准则层（B）

B1：共生模式；B2：共生水平；B3：共生环境。

（3）指标层（C）

C1：资源重复利用；C2：柔性特征；C3：经济发展水平；C4：经济发展潜力；C5：生态环境；C6：政策与管理；C7：基础设施建设。

（4）指标要素层（D）

D1：水资源重复利用率；D2：固体废物综合利用率；D3：原材料的重复利用率；D4：产品种类；D5：共生企业数量；D6：原材料的可替代性；D7：资源产出率；D8：单位 GDP 能耗；D9：万元 GDP 水耗；D10：单位工业增加值用水量；D11：循环经济产业链关联度；D12：可再生能源所占比重；D13：工业固体废物排放达标率；D14：工业废水排放达标率；D15：人均公共绿地面积；D16：园区绿地覆盖率；D17：园区政策制定和实施；D18：企业管理制度制定和实施；D19：信息平台建设；D20：人均道路面积。

（三）综合评价结果

从层次分析法（AHP）计算的结果来看：在所选的对白银高新技术产业开发区产业共生循环经济综合评价产生影响的 20 个指标中，其总排序结果为：D5（共生企业数量）＞ D4（产品种类）＞ D17（园区政策制定和实施）＞ D1（水资源重复利用率）＝ D2（固体废物综合利用率）＞ D3（原材料的重复利用率）＞ D18（企业管理制度制定和实施）＞ D6（原材料的可替代性）＝ D7（资源产出率）＞ D20（人均道路面积）＞ D16（园区绿地覆盖率）＞ D13（工业固体废物排放达标率）＞ D19（信息平台建设）＞ D14（工业废水排放达标率）＞ D15（人均公共绿地面积）＞ D11（循环经济产业链关联度）＝D8（单位 GDP 能耗）＝D9（万元 GDP 水耗）＞D12（可再生能源所占比重）＞D10（单位工业增加值用水量），如图 7 - 11 所示。

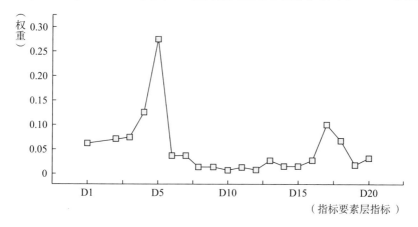

图 7 - 11　指标要素层各指标计算结果

其中，共生企业数量、产品种类和园区政策制定所占权重为所有指标权重的前三位，其值分别约为 0.275、0.124、0.098，其权重和约占总权重的 49.7%。可见，共生企业数量、产品种类和园区政策制定 3 个因素是开发区产业共生模式的主要影响因子。

在指标层 7 个指标中，柔性特征指标所占权重最大，约为 0.433；其次是资源重复利用指标，约为 0.216；经济发展潜力指标所占权重最小，约为 0.014，如图 7 - 12 所示。

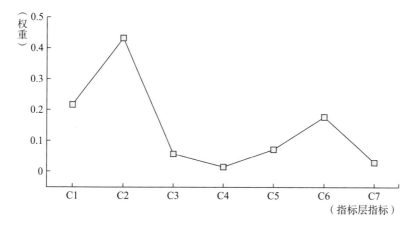

图 7 - 12　指标层各指标计算结果

从模糊综合评价法计算的结果来看，共生模式得分约 6.082，共生水平得分约 7.877，共生环境得分约 4.259，说明开发区产业共生水平最高，而共生环境最低，共生模式处于中间。需要加强的是共生环境方面的建设（见图 7－13）。

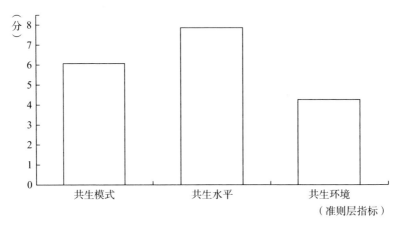

图 7－13　准则层要素得分及所占比例

从 AHP－模糊综合评价法计算的结果来看，目前，白银高新技术产业开发区的产业共生循环经济发展水平处于中等稍微偏上水平。可见，白银高新技术产业开发区正在通过结成共生关系，促进资源的有效配置，进而达到优化企业资源、提高市场竞争力并共同发展的目的。开发区产业共生循环经济建设已初具规模，无论是对周边环境的改善还是对开发区自身产业结构的调整都取得了明显的效果，产生了良好的经济效益、社会效益和生态效益。开发区正在把循环经济理念贯穿于园区建设的每一个环节，通过减量化、资源化、再利用，走出了一条资源消耗低、环境污染小的新型工业化道路。在综合评价指标中，经济发展类指标数值达到较好的水平，共生模式指标数值和共生水平指标数值均达到一般偏上水平，说明在这些方面开发区已取得了一定的成效；但是，共生环境指标取得较低得分，所以要加大投入力度，不断完善开发区的政策制定、基础设施、服务平台和生态环境建设，提高总体的产业共生循环经济发展水平。产业共生综合评价的最终目的是要改善开发区的经济发展方式、提高区域核心竞争力。最后，从 AHP - 模糊综合评价的过程和结果得出，建立的产业共生循环经济综合评价体系比较符合开发区的企业的聚集状态和关联效应。

五　开发区共生模式效益分析

开发区循环经济的关键补链项目的实施，可有效地改造现有的落后工艺，提升产业关联度，打破资源对开发区发展的束缚，加强资源综合利用，缓解环境压力，优化开发区投资环境，实现开发区的可持续发展。虽然，开发区公共服务设施建设项目的投资巨大，短期效益不明显，但由于具有重要的支撑和推动作用，其长远效益相当可观。

（一）经济效益

开发区产业共生循环经济建设项目的实施，降低了生产活动中初始资源的投入成本，减少了污染治理、废弃物管理成本，通过挖掘废弃物价值为企业带来额外收益，促进了开发区经济总量的增长。通过建立化工及精细化工产业共生模式，循环经济关键链的补链和公共服务设施的完善，将改变目前开发区的资源和能源利用方式，降低资源能源消耗，提升产业档次和规模，增强产业的集聚效应，提高市场核心竞争力，吸引更多的投资群体，投资回报率也将稳定在较高的水平上，这些将为开发区未来吸引绿色产业和高科技产业奠定基础。

（二）社会效益

开发区产业共生循环经济建设项目的实施，将有效促进创收，可安置就业 600 人，将显著增强集聚区"二次创业"能力，缓解就业压力，为城市下岗工人、农村剩余劳动力创造良好的直接就业和间接就业机会，增加居民收入，改善人民的生活。同时，项目的实施将使生态意识、绿色消费观念走进大众，提高居民对生态环境保护的积极性；而且，加强基础设施和信息平台建设，将创造良好的投资环境，吸引资金、技术集聚，提高开发区综合竞争力。

（三）生态效益

开发区产业共生循环经济建设项目的实施，通过提高资源的综合利用效率，减少不可再生资源的使用和污染物的排放，从而保护生态环境，将实现物质利用最大化和废弃物产生最小化。各类供热锅炉节能改造及热电联产等项目的实施，可综合利用副产品和废弃物 2.54 亿吨，减少废气排放量 1.337 万吨，年节材 92.67 万吨，显著减少污染物和温室气体排放，实现产业发展和生态环境保护的协调目的。项目的实施，使开发区单位工业增加值能耗、主要工业产品 TDI 单位产品能耗、单位工业增加值水耗、主要工业产品 TDI 单位产品水耗明显降低，有效改善区域环境质量，减缓区域生态环境恶化趋势。

六　开发区构建共生模式的对策建议

（一）优化空间布局，加强开发区内外关联程度

白银高新技术产业开发区空间布局总体上大致合理，具有比较高的产业集聚度；但是局部产业布局仍需要优化，现有开发区企业之间以及与区外联系程度不够紧密；开发区需要通过构建产品连接通道，以布局重要节点企业等方式延伸和补充关键产业链，加强现有企业的产品之间上下游关系，建立比较完善的产业共生模式，实现开发区空间布局的优化。

1. 构建产品连接通道

依托开发区的白银银光公司，与区外石油化工产业相结合，开发下游产品，延长氯碱化工产业链，为甲苯二异氰酸酯（TDI）发展提供氯气和氢气原料；以甲苯二异氰酸酯（TDI）副产品 HCl 为原料，利用白银市及周边地区丰富的电石资源，建设 PVC 生产线；建设聚

碳酸酯（PC）、聚氯乙烯和 HDI 生产线，完善异氰酸酯产业链，开发高技术含量、高附加值的异氰酸酯、一氧化碳、叠氮类和光气等产品；开发二甲醚、醛、醇、烯、酯等甲醇与合成氨的下游产品，延伸煤化工产业链。

2. 布局重要节点企业

煤化工企业：合理布局刘化集团公司，其选址与白银银光公司在地理位置上相邻。采用先进洁净煤气化工艺技术，实施洁净煤气化制氢，副产合成氨，生产硝酸和硝基复合肥项目，形成产品上下游的有效联系，实现资源利用最优化。刘化集团公司生产的氢气、一氧化碳、氮气、氧气、硝酸等为白银银光公司生产甲苯二异氰酸酯（TDI）提供原料。刘化集团公司节点企业的布局将延伸甲苯二异氰酸酯（TDI）产业链、炉渣综合利用生态产业链和废水资源化利用生态产业链等。

精细化工企业：入驻企业以白银银光公司和聚银公司为核心进行空间布局。以甲苯二异氰酸酯（TDI）产业为龙头，利用白银当地资源和技术优势，采用先进清洁生产工艺，开发高技术含量、高附加值和生态环境相容性较好的产品。依托银光聚银公司建设氯化氢催化氧化制氯气工艺研究项目，处理甲苯二异氰酸酯（TDI）生产过程中副产物氯化氢。

（二）调整产业结构，适当提高精细化工的比重

精细化工是开发区最主要的工业。因此，明确定位、突出特色、集聚发展精细化工和提高精细化工比重是实现产业结构调整升级和经济进一步发展的主要途径。选择引进具有市场潜力和代表性的精细化工企业。重点依托白银银光公司、聚银公司等化工重点企业，积极开发下游产品，将上游企业废弃物或副产品作为下游企业的投入原料，构建企业内部、企业间循环经济产业链。建立工业横生和代谢生态链关系，加速形成化工及精细化工产业集聚效应。

（三）完善保障措施，提升对开发区的支撑力度

1. 组织领导管理

开发区产业共生循环经济领导小组组长、副组长由白银市政府主管领导担任，成员由市政府相关部门主要负责人组成，全面指导开发区产业共生循环经济工作，抓好统筹规划、组织协调、督促指导和考核奖惩等工作，研究推进开发区产业共生循环经济工作规划和政策措施，解决产业共生循环经济建设过程中的重大问题。

2. 投融资政策

充分发挥开发区管委会的引导作用，针对处于不同发展阶段企业的不同融资需求特征，以企业信用建设为基础，充分利用市场机制，采用多方合作的方式，拓宽投融资渠道，建立有效促进科技型企业快速发展的多元化投融资政策体系，以促进重点工程项目的有序建设和产业共生工作的顺利开展。

3. 产业发展指导政策

高新技术产业在发展成长期和改造调整期，特别需要政府的经济刺激政策的支持，应在财政、税收、土地、产业转化等方面给予企业优惠政策。同时，政府应通过产业政策干预产业发展，在产业发展周期的不同阶段适时调整政策内容和作用强度，引导产业发展。

4. 人才技术支撑

建立完善的人才培养与引进机制。引入竞争机制，加快科研和技术骨干人才的培养，以良好的工作条件和生活环境吸引和留住人才；积极培训在职管理人员和技术人员，鼓励企业组建自己的科研队伍，提高科学技术人员在职工中的比例；设立"人才开发专项资金"，对所从事科研项目获得国家、甘肃省和白银市有关资金资助的人才，匹配相应的科研经费。深化产学研合作，借助开发区内重点实验室、生产力转化中心、信息服务平台，鼓励企业与科研院所联合，开展资源

减量化、废弃物资源化等项目。同时，注重资源节约、能量梯级利用、"零排放"、有毒有害原材料替代、回收处理、绿色再制造、新能源和可再生能源开发利用等高新技术及适用技术的研发，为整体推进开发区产业发展提供智力支持。

5. 公众参与宣传

鼓励公众积极参与环境政策建议、监督环境执法，创造政府、开发区与民众在环境问题上的沟通机制和交流渠道，为群众参与监督执法及提建议创造条件。组织形式多样的宣传活动，运用广播电视、报纸杂志、互联网等媒体普及循环经济知识，宣传典型案例，提高公众对发展循环经济的认识。

第四节　张掖市矿产资源开发虚拟共生模式

一　张掖市循环经济产业园区概况

张掖市位于河西走廊中部，南临青海省，西通新疆维吾尔自治区，北靠内蒙古自治区，东临金昌市和武威市，是古丝绸之路重镇，东西文化交流、南北民族交融的十字路口。辖甘州区、临泽县、高台县、山丹县、民乐县、肃南县一区五县，东西长 465 公里，南北宽 148 公里，总面积为 4.19 万平方公里，2018 年全市常住人口 123.38 万人，主要以汉族为主，另有回族、裕固族、蒙古族等 37 个少数民族。聚居在祁连山北麓肃南县境内的裕固族，民族风情独特，是甘肃独有、全国唯一集中居住在张掖市的少数民族。

张掖市循环经济产业园区地理位置上分布在张掖市下辖的甘州区、临泽县、高台县、山丹县、民乐县、肃南县。张掖交通便利、区位优势明显，位于"兰州－西宁－额济纳旗"和"兰武－张掖－酒嘉－敦煌"十字构架的交汇处，地处以西安、兰州、西宁、乌鲁木齐为中心的西北物流区域和东部沿海与西北地区物流通道的中心轴线上，是"西电东送""西煤东运""西气东输""西油东输"的必经之地。张掖市以 G30 线、国道 312、227 线为主构建了快速便捷的公路交通网络，以兰新铁路为主干构建了畅通无阻、方便快捷的铁路运输体系。张掖邻近周边省区的矿产开发区，距新疆哈密煤田约 700 公里、青海煤田约 200 公里、内蒙古阿右旗煤田 70 公里，同时，张掖市又是这些矿产资源运往东部地区的必经之地，较近的运输距离和较大的资源过境量，使可利用的资源在空间范围和总量上有了明显的提升。

二 张掖市矿产资源开发虚拟共生模式构建

按照"统筹规划、因地制宜、突出重点、规模开采、精深加工"的原则，以钨钼矿产资源开发为重点，张掖构建矿产资源开发虚拟共生模式；积极推行清洁生产，实现废水减量化；促进废水综合利用，构建废水循环利用模式；以初级矿产品开发为基础，全面提高矿产资源综合利用率和精深加工水平；构建废物循环利用模式。逐步构建"采矿 – 选矿 – 精深加工"产业发展带，打造肃南、临泽、高台、山丹矿产品集中开采与初选区，以及甘州矿产品精深加工区，形成"一带两区"产业布局；构建完善钨钼开采及精深加工、凹凸棒石黏土开采及精深加工、新型建材、冶金四大特色循环经济产业链，如图 7 – 14 所示。

（一）产业链设计

1. 钨钼开采及精深加工循环经济产业链

以祁青工业园区为载体，全面开发肃南小柳沟、白水河、黄沙泉、马苏河储量丰富、品位高的钨钼资源。依托新洲公司，采用常温浮选选矿技术工艺，建设集采选、冶炼、研发为一体的大型钨钼采矿企业，发展钨钼冶炼及精深加工，重点开发仲钨酸铵、钨粉、工业氧化钼等冶炼产品，以及钨合金、钼铁合金和特种钢等深加工产品的钨

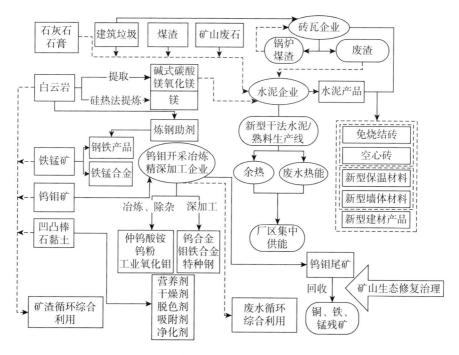

图 7－14　张掖市矿产资源开发虚拟共生模式

钼特色产业链；进一步提高钨钼产业集聚能力，形成以肃南为基础的
钨钼开采及精深加工循环经济产业链，如图 7－15 所示。

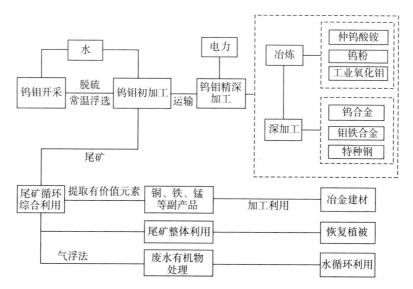

图 7－15　钨钼开采及精深加工循环经济产业链

强化钨钼共伴生矿产资源勘查及综合开发力度，引进有色矿山固体废物资源化技术，推进企业三废"零排放"。采用气浮工艺处理选矿废水，实现废水循环利用；利用钨选矿重选回收技术，对高品位钨钼矿开展尾矿综合利用，回收选矿过程中各阶段尾矿中有用组分（铜、铁、锰等）；采取采、选、冶新工艺，提高矿山回采率、选矿回收率、冶炼回收率。

2. 凹凸棒石黏土开采及精深加工循环经济产业链

加大招商引资力度，新建凹凸棒石黏土研发、生产和加工为一体的企业，全面开发临泽正北山滩凹凸棒石黏土、板桥乡正北山矿区凹凸棒石黏土、杨台洼滩凹凸棒石黏土特色资源。积极引进凹凸棒石酸、碱性处理技术，延伸产业链，重点开发优良的催化剂载体以及高附加值的分子筛和介子L材料等新材料，积极研发航空煤油精炼脱色剂、橡塑（PET）纳米复合材料增强剂和稳定剂、饲料添加剂、水处理净化剂等多种类型产品，如图7-16所示。

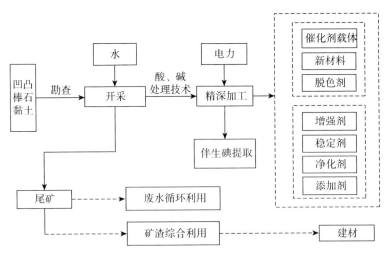

图7-16 凹凸棒石黏土开采及精深加工循环经济产业链

3. 新型建材循环经济产业链

以甘州、山丹、临泽等为重点区域，引进高效烘干兼粉磨设备，引进垃圾焚烧尾气－废渣处理一体化技术，利用新型干法水泥烧成系统处置城市生活垃圾，拓展产业间废弃物、副产品循环利用空间，建立水泥产业、煤电产业、新型建材产业等产业间废弃物综合利用联系。引进矿渣微粉技术，充分利用粉煤灰、煤矸石、建筑垃圾等各类固体废弃物，加快新型建材产品研发、生产，构建新型建材循环经济产业链，如图 7 - 17 所示。

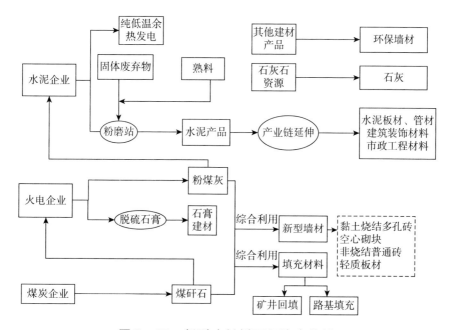

图 7 - 17　新型建材循环经济产业链

拓展水泥产业链，生产各类水泥板材、管材及市政工程材料，开发装饰用混凝土预制构件等产品。依托建材生产企业，采用节能环保的先进加工工艺及表面处理工艺，生产钢质及塑钢类门窗等；采用全煤矸石生产烧结空心砖技术、新型粉煤灰（硅质石屑）加气混凝土生产技术、新型加气混凝土砌块技术、高掺量粉煤灰生产烧结空心砖技术、石膏尾矿生产胶凝材料及墙体材料技术、粉煤灰作 GRC 机制复合轻质墙板技术、建筑废弃物生产再生混凝土技术、固体废弃物合成轻质复合保温砌块墙体材料技术等循环经济技术，全面利用工业固体垃圾、尾矿、矿渣、煤矸石、粉煤灰等固体废弃物生产黏土烧结多孔砖、空心砌块、非烧结普通砖、加气混凝土砌块、轻质板材等新型墙体建筑材料。

4. 冶金循环经济产业链

依托肃南祁青工业园区和皂矾沟矿产品集中加工区，建设矿产品选矿和初加工基地，保障冶金产业原料供应。依托腾达西铁冶金公司、恒泰炉料公司、宏鑫矿产实业公司、巨龙铁合金公司发展锰铁合金、板材、线材等；依托兴荣矿业有限责任公司等企业，发展铜矿选矿及深加工；依托山丹宏定元化工有限责任公司、高台盐化公司等企业，开发硫化染料、离子膜烧碱、硫酸钾等产品；依托甘肃锦世化工有限责任公司，采取成熟的铬盐生产技术，生产红钒钠等产品；依托民乐富源化工有限责任公司等企业，开展白云岩深加工。

按照循环经济理念、节能减排及清洁生产的要求，引进干法脱硫除尘一体化设备等污染物无害化处理技术，引进有色冶金炉窑烟气余热利用技术。冶金企业配套建设高炉、球团竖炉、氧气顶底复吹转炉、炉外精炼炉、高炉炉顶余压发电系统、高炉喷煤系统，采用熔融还原蓄热式燃烧、直接热送热装、直接轧制等技术工艺，实现冶金产业"节能、高效"目标，构建冶金产业"矿石 – 初选 – 冶炼 – 深加工"产业链如图 7 – 18 所示。

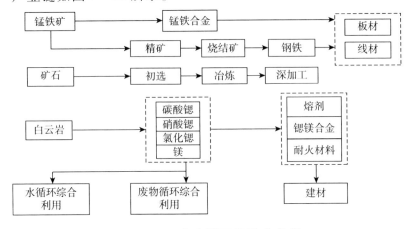

图 7 –18　冶金循环经济产业链

三　张掖市矿产资源开发产业空间布局

（一）钨钼开采及深加工布局

以甘州、肃南为重点发展区域，依托肃南小柳沟钨矿重点开采规划区和肃南祁青工业园区，在肃南布局钨钼矿开采和集中选矿区，支持新洲矿业公司等钨钼采选加工企业，充分利用资源配套程度高的优势，发挥产业聚集效应，促进钨钼加工向硬质合金方向发展，壮大规模经济。依托丰富的钨钼矿资源，将小柳沟建设成具有市场竞争实力的高科技西北钨钼矿新基地；在甘州引进钨钼精深加工企业，建成全国重要的张掖钨钼基地。

（二）凹凸棒石黏土开采及深加工布局

以临泽、甘州为重点发展区域，依托临泽正北山凹凸棒石黏土矿业经济区，通过招商引资，发展凹凸棒石黏土开采与初加工；依托甘州工业园发展凹凸棒石黏土深加工，逐步完善凹凸棒石黏土深加工产业链。形成凹凸棒石黏土开采及深加工的合理布局，打造张掖凹凸棒石黏土产业集群。

（三）新型建材布局

以甘州、山丹为重点发展区域，依托巨龙建材、山丹水泥集团、钧方建材等企业，在甘州、山丹发展以水泥产品为主的新型建材产业；依托山丹恒昌耐火材料有限责任公司，重点发展高档耐火材料；依托乾亨建材公司、钧方新型建材公司等企业，扩大生产规模，改造生产工艺，重点发展烧结粉煤灰砖、加气混凝土砌块、脱硫石膏砌块等新型墙体材料；依托甘肃锦世化工有限公司和富源化工有限公司，加强企业科技创新，鼓励重大关键技术开发和推广应用，积极推广应用先进适用技术、工艺和设备，改造提升传统产业，开发海绵铁、模具钢、冰晶石、草酸亚铁、镁铝合金、轻集料混凝土切块等产品。

（四）冶金布局

依托肃南祁青工业园区，利用铁、铜等资源，发展合金钢、特种钢等延伸产品的深加工；依托肃南皂矾沟矿产品集中选矿区，进一步引进铁矿、铜矿采选项目和冶金企业，建设铁、铜"采选－冶炼"集中加工区；依托临泽宏兴、金龙华等矿产品加工企业，以锰铁选矿项目和铁精粉磁选项目为龙头，形成年产46万吨锰铁和20万吨铁精粉加工生产能力；依托临泽北部生态循环工业园区，发展黑色金属（硅铁）冶炼深加工，建设临泽冶金工业区；依托民乐富源化工有限责任公司等企业，利用山丹和肃南的白云岩，加大白云岩勘探和深加工力度，加快发展轻质锶镁合金。

四　张掖市矿产资源开发虚拟共生模式构建重点

（一）钨钼资源开发

目前，张掖市延伸钨钼精深加工产业链，扩大钨钼产品规模，将资源优势最大限度地转化为经济效益。拓展钨钼制品精深加工产品领域，研发高强度特殊耐热抗震钨合金丝，超高压、高性能触头材料，实现钨钼制品高端领域产品进口替代；探索钨钼尾矿再选回收，提高矿采选冶的综合回收率，回收利用有价值的废弃物。

长远来看，张掖市应完善钨钼"采矿－选矿－冶炼－精深加工"体系。开发新型钼催化剂、钼的纳米材料、含钼的润滑剂、含钼的消烟阻燃剂及颜料等；开发高端硬质材料产品；把钨钼产业打造为张掖重要的经济增长极。招商引资全面开发凹凸棒石黏土，形成完整的产业链和深加工体系，着力培养新的经济增长点。全面提升水泥生产工艺和规模，提高高档耐火材料生产能力，形成煤矸石、矿渣、建筑垃圾等生产新型建材的循环利用体系；依托当地企业和丰富的矿产资源，打造冶金循环经济产业链。

（二）凹凸棒石黏土开发

进一步探明凹凸棒石黏土资源的储量和品位，加强临泽凹凸棒石和石膏共生资源的开发研究，初步建设凹凸棒石黏土开采和初加工项目，逐步形成张掖新的非金属深加工支柱型产业链。

（三）新型建材建设

建设甘州熟料新型干法水泥生产线，改造山丹水泥集团生产工艺，淘汰落后工艺和产能；加快耐火材料项目规模化建设，打造西北高档耐火材料生产基地；开展矿渣、固体垃圾、粉煤灰、煤矸石等综合利用。

（四）冶金

依托铁矿、白云岩等矿产资源，鼓励优势资源配给规模大、技术水平高的企业，由采选向冶炼、深加工延伸，向规模化方向发展，培育河西新的钢铁产品生产基地。

第五节 甘南州共生模式的生态环境保障

一 甘南州循环经济园区的生态环境情况

甘南藏族自治州位于甘肃省南部，地处青藏高原东北边缘向黄土高原和陇南山地的过渡地带。西北部为广阔的草原，包括玛曲县、碌曲县、夏河县和合作市，是甘南乃至甘肃的主要牧区；东北部为连绵起伏的丘陵山地，包括卓尼县和临潭县，拥有以森林资源为主的绿色峡谷群，高寒阴湿，农林牧兼营；东南部为岷迭山区，包括迭部县和舟曲县，气候比较温和，是甘肃重要林区之一。

（一）草地资源

甘南草原面积为 272 万公顷，占全州土地总面积的 70.28%，其中可利用草场面积 256.5 万公顷，80% 的天然草场联片集中，53% 的草场是草质优良的亚高山草甸草场，载畜能力较强、耐放牧性较大，理论载畜量为 621 万个羊单位。草地主要分布在玛曲县、碌曲县、夏河县、卓尼县的部分地区及合作市。

（二）湿地资源

甘南湿地资源丰富，拥有湿地资源 17.5 万公顷，其中沼泽湿地 13.8 万公顷，河流湿地 2.77 万公顷，湖泊湿地 0.23 万公顷，滩涂湿地 0.63 万公顷，其他湿地 0.02 万公顷。沼泽湿地占湿地总面积的 79.1%，是甘南州最主要的湿地类型，海拔在 3200～3500 米，沼泽湿地集中分布于玛曲县、碌曲县和夏河县，合作市、卓尼县和临潭县也有分布。沼泽湿地内蕴藏着丰富的泥炭资源，泥炭资源储藏量约为 27.68 亿立方米；河流湿地，主要由黄河干流、洮河、大夏河、白龙江以及 200 条支流组成。

（三）森林资源

甘南林区是我国九大林区之一，也是甘肃省最大的天然林区；位于青藏高原东部边缘与岷山山脉的白龙江和洮河上游，属长江和黄河源头地区。林区大部分位于甘南州的迭部、舟曲、卓尼、临潭四县及合作市。甘南州拥有林地 92 万公顷，占全省森林资源总面积的 30%，森林蓄积量占全省森林蓄积总量的 45%，蕴藏着较为丰富的野生动物资源和药材、山珍野菜等植物资源。林区内山峦起伏，高寒潮湿，气候多变，相对高差大，是典型的高山峡谷地区。

（四）水资源

甘南境内有黄河、洮河、大夏河、白龙江等河流，是黄河、长江干流的重要水源涵养区，是维系黄河、长江中下游地区生态安全的天然屏障，是"中华水塔"三江源自然保护区的重要组成部分，具有很强的水源涵养和水土保持功能。黄河由青海久治县门堂乡流入玛曲县，环绕玛曲县边缘形成"九曲黄河"的第一弯；洮河、大夏河是黄河的重要支流；白龙江发源于碌曲县，流经迭部、舟曲两县；全州分黄河、长江两大流域四大水系。

二　甘南州生态环境存在的问题

（一）草原"三化"加剧，鼠害严重

目前，全州"三化"（退化、沙化、盐碱化）草原面积达到223万公顷，占全州草原总面积的82%；其中退化面积217万公顷，沙化面积5.33万公顷，盐碱化面积0.55万公顷。草原载畜能力从1980年1个羊单位年需3400立方米草场，增加到目前的5136立方米草场；草场上大量植物种群在植物群落中逐渐消失，植被覆盖度从80%～95%下降到45%～65%。草原鼠虫害的蔓延，产草量下降。全州鼠虫害草原面积达128.7万公顷，占全州草原总面积的47.3%，鼠虫害的周期由每5年左右缩短到每3年左右。

（二）沼泽湿地大面积干涸

沼泽湿地集中分布于玛曲县、碌曲县和夏河县，合作市、卓尼县和临潭县也有少量分布，其他大都干涸；干旱缺水草场面积已达到44.7万公顷，占可利用草场面积的17.4%。尤其是玛曲湿地干涸面积高达10.2万公顷，原有6.6万公顷的沼泽湿地减少至不到2万公顷。

（三）森林涵养水源能力下降

森林过量采伐，造成森林资源锐减，森林覆盖率降低，大大削弱了森林涵养水源的能力，对农田、草场、山体的防护作用也大大降低，从而造成地表径流增加，地下水位下降，导致许多大河支流出现了断流和泉水干枯现象，而且持续时间逐年延长。据有关资料显示，洮河出境水已从 20 世纪 60 年代的 43.08 亿立方米减少到 20 世纪 80 年代的 36.74 亿立方米，大夏河由 9.387 亿立方米减少到 6.419 亿立方米。

（四）水土流失相对严重

甘南州水土流失面积已达 1.18 万平方公里，占全省水土流失总面积的 26.2%。据调查统计，境内年平均降水量减少 100 毫米左右，河流常水期、枯水期及平均流量减少 16 立方米/秒，河流年输沙量由 34700 吨/年上升到目前的 34860 吨/年。土壤侵蚀模数由 44 吨/平方千米提高到 60 吨/平方千米，年土壤侵蚀量达 69487 万吨，年土壤养分流失量有机质 1940.61 万吨、氮元素 116.19 万吨、磷元素 44.64 万吨、钾元素 1161.03 万吨。

（五）生物多样性遭到破坏

据初步调查统计，受不同程度生存威胁的植物物种有 75 种。以森林为栖息地的野生动物急剧减少。通过航片和卫星图片判读分析比较，高寒灌丛中的灌木数量近 20 年来至少减少了 50%，江河湖泊沿岸的原生灌丛也正在大量消失。

（六）矿山开采对生态的破坏加剧

甘南州矿山开采对生态环境保护缺少充分论证和组织实施。初步调查，桑坝沟矿区及其他区域矿山地质环境恢复点多、量广，生态植被破坏严重，各矿区地质环境缺少拦挡坝、排导堤、防洪堤、矿硐回填、植树造林等工程措施。

三　甘南州生态功能分区

（一）分区依据与原则

甘南州生态功能分区主要依据地形地貌和生态系统类别，按照行政界限划分，依照便于行政管理的原则，参照主体功能区划的命名要求，根据国家相关生态环境法律法规，国务院和中央各部委已经批准的或正在编制的国家级专项规划，甘肃省、甘南州各相关专项规划及标准等，将甘南州生态分为三个功能区。依照甘南州社会经济发展需求及维持区域"生态完整性"的基本要求，科学合理地进行生态功能区划，以改善脆弱的生态环境现状，优化生态经济系统结构，提升生态经济系统服务功能，确保生态安全，促进社会经济持续稳定发展。甘南州生态功能区划分遵循以下原则。

1. 可持续发展原则

生态功能区划的目的是促进资源的合理利用与开发，避免盲目的资源开发和生态环境破坏，增强区域社会经济发展的生态环境支撑能力，促进区域的可持续发展；合理配置区域功能，最大限度地提高资源利用效率，避免资源的盲目开发和生态环境的破坏，保持区域生态经济系统环境结构和功能的一致性。

2. 区域相似性与差异性原则

区域相似性与差异性原则使区划后的各区区内相似性和区间差异性均为最大。相似性和差异性包括自然环境和社会经济两个方面的内容：自然环境方面，体现在地形地貌、土壤植被、气候水文、地质灾害、动植物资源等方面，在进行区划时，要尽量保证各单元自然环境条件基本一致；社会经济方面，复合生态系统的发展水平体现在人口、资源、环境、经济之间的矛盾及协调程度上，在进行区划时，尽量保证各单元社会经济特征基本一致。

3. 生态系统稳定性和敏感性原则

生态系统是一个复杂的动态系统，一个系统越复杂，它的稳定性越大，越能保持其平衡。生态环境的敏感性指生态系统对人类活动反应的敏感程度，用来反映产生生态失衡与生态环境问题的可能性大小。生态系统的稳定性和敏感性一般通过生态系统的组成、结构变化和功能发挥等表现出来，因此在进行生态经济功能区划分时，应充分考虑生态系统的稳定性与敏感性。

4. 特殊生态保护区优先保护原则

特殊生态服务功能区是指重要生态功能区和生态良好区。特殊生态服务功能区对建立区域生态服务功能平衡、保障复合生态系统的可持续发展、维系和发扬地方文化有重要的支撑作用，需要优先保护。保护重要自然保护区、生态功能保护区，维持生态系统多样性，建设一个布局合理、类型齐全、管理高效的生态多样性网络，避免生态系统退化，降低生态风险。

（二）生态功能分区

根据甘南州自然地理条件和生态环境现状差异，全州将划分为中西部草甸生态修复牧业区、东南部江河水源涵养林业区、东北部洮河水土保持农牧区三个生态功能分区，如图 7-19 所示。

其中，中西部草甸生态修复牧业区包括玛曲县、碌曲县、夏河县和合作市，是甘肃省重要的高山草甸草原区，黄河上游水源的重要补给区，以水源涵养、水土保持与草原荒漠化控制为建设重点。东南部江河水源涵养林业区包括迭部县和舟曲县，是甘肃省和甘南州的重要林区，长江上游的重点水源涵养区和河源区，以白龙江流域水源涵养、国家重点公益林和生物多样性的保护为建设重点。东北部洮河水土保持农牧区包括卓尼县和临潭县，是甘南州重要的农业生产、水能

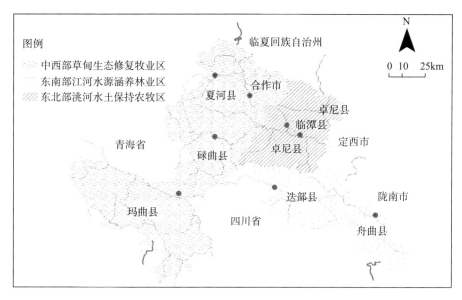

图7-19　甘南州生态功能分区

开发利用和防治水土流失重点区域，以洮河流域的水文调蓄和水土保持、草原资源保护为主要建设内容。

四　生态环境保障规划重点

（一）战略目标

生态环境保障规划的近期目标是新增优质牧草种植面积0.1万公顷，草原退化治理率达90%以上，草原围栏率达75%以上。全面治理全州鼠虫害草场，其中，治理鼠害草场100万公顷，占草场总面积的36.7%；治理虫害草场200万公顷，占草场总面积的75%。实现湿地保护和恢复面积13.8万公顷，湿地保护率达到80%左右；自然保护区面积达137万公顷，占总面积的44.8%；实现森林保护面积34.3万公顷，新增面积3万公顷，森林覆盖率增加0.9%。实现水土流失治理面积664平方公里，使水土流失治理总面积达到3607.72平方公里，黄河流域水土保持工作实行集中、连续、规模、综合化治理。规划完成后水土流失治理面积达 1903 平方公里,水土流失治理面积累计达到 5510.72 平方公里,侵蚀模数控制在 $1000t/km^2 \cdot a$ 以内。逐步建立水土保持生态补偿制度,改良与合理利用水土资源,维护和提高土地生产力,改善生态环境,减轻自然灾害,充分发挥水土资源的生态效益、经济效益和社会效益。实现草原生态保护监测体系覆盖率 90%,湿地生态保护监测体系覆盖率 100%,森林生态保护监测体系覆盖率 95%,进一步完善生态保护监测体系。

生态环境保障规划的中远期目标是建立起适应国民经济可持续发展的良性生态系统。"三化"草原得到恢复,农田基本建设得到强化,防灾减灾能力得到增强;森林覆盖率大幅度提高,生物多样性得到保护;适宜治理的水土流失地区基本得到治理,水土流失和草原沙化基本得到控制;水源涵养功能和水源补给能力得到提高,为黄河流域的可持续发展提供强有力的生态安全保障。同时,加快生态保护监测体系建立与应用,促进甘南生态文明的快速发展,实现社会经济结构的转型,建成山川秀美、经济发展、人民富裕、民族团结的新甘南。

(二) 主要措施

1. 推行各有侧重的生态修复和建设措施

(1) 中西部草甸生态修复牧业区

该牧业区以黄河源头的森林生态保护和建设为目的,以沙化土地治理改良为核心,以围栏封育、补播、灌溉、施肥和灌木林营造为主要手段,林草相结合,依靠科技进步,有效遏制黄河沿岸沙化,恢复林地植被,改善生态环境,减少水土流失,涵养水源,保护高寒湿地生物多样性,实现草地资源永续利用,人与自然、社会的和谐发展。项目的建设以生态效益为主、兼顾经济效益和社会效益,因地制宜、统筹规划,坚持重点沙化地带治理与保护相结合,群众积极参与与依法治理相结合,保护和修复黄河流域的生态系统。重点实施大夏河流域生态修复工程、大夏河黄土高原淤地坝工程、大夏河坡地改梯整治工程、玛曲县黄河干流段沿岸区水土流失综合治理工程、玛曲县黄河沿岸防沙治沙生态建设工程，继续深化实施退化草原综合治理工程，综合采取退牧还草、草原自然保护区建设和人草畜三配套等措施，以及围栏建设、补播改良、禁牧休牧和轮牧等措施，对退化草原进行保护和治理，推进实施草原鼠虫害综合防治工程，各县市开展协同防治，完善联防联治机制，保护草原安全。

（2）东南部江河水源涵养林业区

该林业区以国家重点生态公益林、国家级自然保护区和重要湿地为核心，建立较为完善的林业保护体系。在森林分类区划落实到位的基础上，以逐步建立完善森林生态效益补偿制度为前提，对区划中主要位于江河源头、江河两岸和荒漠化、水土流失严重地区的国家重点生态公益林进行全面保护。重点实施野生动物及自然保护区建设工程，建立健全野生动植物保护和自然保护区建设的管理体系，新建一批自然保护区，不断提高管理水平；充分发挥区域资源优势，大力发展以经济林果、森林旅游、优良乡土树种繁育、汉藏药材种植、特色养殖及山野珍品、水电资源、矿产资源开发等为主的林业新兴产业，稳步推进林业产业体系建设；推进实施白龙江流域坡改整治工程、流域面上水土保持治理工程，以及白龙江流域滑坡防治工程，对滑坡体开展科学监测、预警预报和综合防治，最大限度地防灾减灾，保障人民群众生命财产安全。

（3）东北部洮河水土保持农牧区

完善黄河流域洮河重要生态功能区生态保护及补偿机制，根据资源开发对生态环境的实际影响，适时征收水电、天然气等资源开发生态补偿基金，加大对其生态功能区、水系源头区、水源涵养区和莲花山自然保护区的生态环境保护及补偿资金投入；在洮河流域水资源的开发中，开发使用每立方米水资源提取1分钱的生态补偿，建立稳定可靠的生态补偿专项基金。重点实施洮河流域水土保持修复工程，综合治理修复水土流失总面积 373 平方千米；加快推进洮河小流域综合治理工程、黄土高原淤地坝工程、流域坡改梯整治工程；深入实施退化草原综合治理工程，综合采用退牧还草、草原鼠害防治、草原自然保护区建设和人草畜三配套，以及采取围栏建设、补播改良、禁牧休牧和轮牧等措施，对退化草原进行保护和治理。

2. 强化环境污染治理

（1）城市经济建设区环境污染治理工程

重点建设全州医疗废弃物综合处置中心；治理铁合金、硅铁和水泥企业废气；全面推动白龙江舟曲段污染治理及排污口整治，洮河卓尼段污染治理及排污口整治，以及矿山生态恢复及废矿库（坝）治理。

（2）农牧村环境污染综合治理工程

全面保护农牧村集中式生活饮用水水源地，保障人畜饮水安全；建设完善自然村生活垃圾收集点、村生活垃圾转运站、乡级生活垃圾填埋场，保护、改善农牧村生态环境；采用"一池三改"、小型沼气发酵罐、太阳能暖棚等多种模式，提高农牧村清洁能源推广率，以及牲畜养殖废弃物综合利用成效。

3. 构建完善生态监测体系

生态监测包括气象水文化学监测、草原动态监测、湿地资源监测、森林资源监测。主要为评价生态环境质量、保护和恢复生态环境、合理利用自然资源提供基础数据，依法发布生态环境与气候变化评估报告及评价公报，为政府及有关部门、单位在制定生态环境建设与保护方面的政策措施时提供决策依据。

（1）气象水文化学监测

开展水资源、土壤、气候、生物等方面的监测，利用卫星遥感资料接收系统，监测区域植被状况、积雪、湿地、湖泊、沙化面积、土壤湿度、干旱、草原森林火灾、酸雨、化学烟雾等信息。建设信息资源系统，在各监测站建立地面监测、高空遥感和各类调查资料数据库，实现对资料的校对预审、报表编制、查询、集中存储和调用，作为对外发布信息和科学研究的基础资料。

（2）草原动态监测

对现有草原进行一次全面调查，并建立相应的草原基本情况调查档案。建立并完善监测体系，以州畜牧局草原工作站为基础，建立以州、县两级草原工作站为依托的草原监测机构，形成包括乡级监测站在内的三级监测体系。

（3）湿地资源监测

查清区域内湿地资源现状，把握该区湿地资源的类型、特征、功能、价值系统、全面、动态变化情况，从而为有效保护湿地生态系统以及物种和遗传多样性、科学管理湿地和合理利用湿地资源提供科学依据，并为履行《湿地公约》以及其他有关国际公约或协定、开展国际交流和科学研究服务。

（4）森林资源监测

定期进行国家森林资源连续清查、森林资源规划设计调查、作业设计调查工作。查清区域内森林资源的现状及其消长变化规律，核实森林采伐限额执行情况、征（占）用林地、人工造林更新、封山育林及保存状况、重大林业生态工程建设任务完成情况，为科学经营管理森林资源提供重要依据。

第六节　玉门市共生模式的资金措施保障

一　玉门市循环经济园区的投资情况

玉门市为有效支撑循环经济园区建设，围绕循环经济"3R"原则，参照国家产业政策，并结合发展实际，确定循环经济重点建设项目80个，其中近期重点项目43个，中远期重点项目37个。

玉门市循环经济园区的重点项目包括黑色、有色冶金产业、煤化工产业、建材非金属产业和基础设施 4 类，总投资 460.28 亿元。其中，黑色、有色冶金投资 82.63 亿元，煤化工投资 317.39 亿元，建材非金属投资 34.26 亿元，基础设施投资 26 亿元。

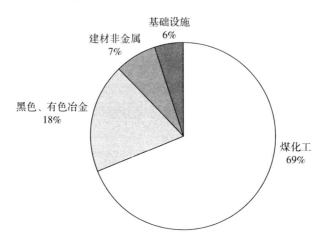

图 7-20 循环经济产业投资额及比例

（一）黑色、有色冶金产业

黑色、有色冶金产业项目共 22 个，项目总投资 82.63 亿元。预计到 2020 年，实现年销售收入 286.46 亿元，利润 18 亿元，税金 3.37 亿元。其中，近期项目 14 个，项目投资 58.49 亿元。项目建成后，实现年销售收入 187.18 亿元，利润 12.64 亿元，税金 2.36 亿元。中远期项目 8 个，项目投资 24.14 亿元。项目建成后，实现年销售收入 99.28 亿元，利润 5.36 亿元，税金 1.01 亿元。

表 7-3　黑色、有色产业项目投资估算

单位：亿元

	投资	销售收入	利润	税金
近期	58.49	187.18	12.64	2.36
中远期	24.14	99.28	5.36	1.01
合计	82.63	286.46	18.00	3.37

表7-4　黑色、有色冶金产业循环经济项目

序号	项目名称	实施单位	建设内容	总投资（万元）	其中		效益
					银行贷款	自筹及其他	
			近期重点建设项目				
1	年产10万吨碳化硅项目	玉门市	建设规模为年生产碳化硅10万吨生产线，修建主厂房、成品库，安装冶炼电炉、变压器、破碎机、筛选等设备。	15000	9750	5250	项目建成后，年新增销售收入70000万元，新增净利润3000万元，新增税金561万元
2	年产20万吨、钼矿开采建设项目	玉门市	建设年产20万吨铌、钼矿的铌-钼矿开采建设项目，采用粗选-精选-浮选的选矿流程，安装GEC螺旋选矿机、3层悬挂式硫特摇床、霍尔曼矿泥摇选矿机等设备	88900	57785	31115	项目建成后，年新增销售收入9600万元，新增净利润4900万元，新增税金900万元
3	酒泉同福化工有限公司20万吨硫酸渣选铁项目	同福化工	建设规模为20万吨的硫酸渣选铁加工线，项目采用一段磁选（粗选）——段磨矿-二段磁选-精选的工艺流程，安装耐腐耐磨搅拌液下泵、高频筛、砂泵、磁选机、管式球磨机、磁重分选器、水力旋流器、清水泵等设备	6500	4225	2275	项目建成后，年新增销售收入2337万元，新增净利润2100万元，新增税金393万元
4	年产60万吨球墨铸铁管、铸件项目	玉门市	新建年产60万吨球墨铸铁管、铸件生产线，建设水冷型离心式球墨铸铁管生产线4条，热模法离心球墨铸铁管生产线2条	121960	79274	42686	项目建成后，年新增销售收入420000万元，新增净利润30490万元，新增税金5702万元

续表

序号	项目名称	实施单位	建设内容	总投资（万元）	其中（万元）		效益
					银行贷款	自筹及其他	
5	8 * 25000 千伏安硅铁冶炼项目	甘肃嘉峪关神通公司	建设 8 台 25000 千伏安硅铁电炉和配套的余热发电、粉尘回收加密利用系统	20000	13000	7000	项目建成后，年新增销售收入 44000 万元，新增净利润 5000 万元，新增税金 935 万元
6	年产 150 万吨铁精粉生产线项目	玉门市	建成年产 150 万吨铁精粉生产线，主要建设内容包括厂房、办公用房及配套设施，安装破碎机、磁选机、球磨机、分级机等设备；项目配套建有一座尾矿库	12000	7800	4200	项目建成后，年新增销售收入 105000 万元，新增净利润 2400 万元，新增税金 449 万元
7	玉门市 3 万吨铬盐生产项目	玉门市	采用钾熔盐液相氧化铬清洁生产工艺，建设一条年产 3 万吨红矾钠系列产品生产线及配套设施	18000	10000	8000	项目建成后，年新增销售收入 22500 万元，新增利润 6000 万元，新增税金 1122 万元
8	年产 5 万吨钢构件制造加工项目	玉门市	项目用地 100 亩，建设生产车间 30000 ㎡，办公楼 800 ㎡，购置设备 600 台，形成年产 5 万吨钢构件生产及热浸锌加工生产能力	6000	3900	2100	项目建成后，年新增销售收入 21000 万元，新增利润 2333 万元，新增税金 436 万元

续表

序号	项目名称	实施单位	建设内容	总投资（万元）	其中（万元）		效益
					银行贷款	自筹及其他	
9	年产60万吨氧化球团生产项目	玉门市	采用国际先进的"链箅机－回转窑－环冷机"技术设备，对传统化混料、布料、预热、焙烧、冷却、除尘系统、计控系统，建成年产60万吨氧化球团生产线	17680	11492	6188	项目建成后，年新增销售收入70359万元，新增净利润4220万元，新增税金789万元
10	年产10万吨铜锰系合金建设项目	玉门市	主要建设年产10万吨铜锰系合金生产线，拟建2台25000KVA矿热电炉及配套的精炼炉和相应的环保、余热利用设施	22440	14586	7854	项目建成后，年新增销售收入175000万元，新增净利润4488万元，新增税金839万元
11	年产20万吨硅锰合金建设项目	玉门市	建设年产20万吨的硅锰合金建设项目，新建25000KVA电炉4座，并配套余热利用设备	41000	26650	14350	项目建成后，年新增销售收入164000万元，新增净利润8200万元，新增税金1533万元
12	年产3000吨碳化钨生产项目	玉门市	项目拟定建设年产3000吨碳化钨生产线，新建生产厂房5000平方米，购置碳管炉、球磨机等生产设备	46000	29900	16100	项目建成后，年新增销售收入84000万元，新增净利润6500万元，新增税金1216万元

续表

序号	项目名称	实施单位	建设内容	总投资（万元）	其中		效益
					银行贷款	自筹及其他	
13	年产10万吨铜冶炼建设项目	玉门市	建设年产10万吨的铜冶炼建设项目，采用最先进的闪速熔炼+闪速吹炼技术	120000	78000	42000	项目建成后，年新增销售收入600000万元，新增净利润24000万元，新增税金4488万元
14	年产3000吨铜钙合金建设项目	玉门市	建设年产3000吨的铜钙合金项目，安装30000KVA矿热炉1座，冶炼主车间建筑面积14719平方米，配料站建筑面积5499.8平方米	494371	32130	17301	项目建成后，年新增销售收入90000万元，新增净利润9886万元，新增税金1849万元
中远期重点建设项目							
15	年产20万吨硅钙合金建设项目	玉门市	年产20万吨硅钙合金的生产项目，采用电炉冶炼、冷却、精整破碎生产工艺，一期主要内容包括：建设4台25000KVA硅钙合金矿热电炉及生铁生产车间、浇铸车间、精整车间、硅铁堆场、原料堆场、冷却循环水系统和烟气净化系统等	41000	26650	14350	项目建成后，年新增销售收入14000万元，新增净利润9214万元，新增税金1723万元
16	年产10万吨金属镁建设项目	玉门市	年产10万吨金属镁项目，占地400亩，采用镁锭切削-破碎-分选-钝化的生产工艺流程。拟安装高速磨磨机、分选机、钝化机等设备	11000	7150	3850	项目建成后，年新增销售收入160000万元，新增净利润2200万元，新增税金411万元

续表

序号	项目名称	实施单位	建设内容	总投资（万元）	其中（万元）		效益
					银行贷款	自筹及其他	
17	年产3000吨多晶硅建设项目	玉门市	年产3000吨多晶硅项目，一期建设年产1000吨多晶硅，一期工程建设用地300亩，配套建设空分装置、循环水系统	31500	20475	11025	项目建成后，年新增销售收入135000万元，新增净利润6300万元，新增税金1178万元
18	年产1000吨单晶硅拉棒、切片生产项目	玉门市	年产1000吨单晶硅6～8英寸区熔单晶硅及直拉单晶切片，建设单晶冶炼车间、切片车间等	40000	26000	14000	项目建成后，年新增销售收入60000万元，新增利润8000万元，新增税金1496万元
19	年产2.5万吨工业硅项目	玉门市	年产2.5万吨工业硅，安装电炉、干燥机、全自动机械式压机，通过式磨床等主要设备	216571	14073	7578	项目建成后，年新增销售收入18278万元，新增净利润8327万元，新增税金1557万元
20	多晶硅副产物SiCl₄综合利用项目	玉门市	建设处理能力为15000吨/年的SiCl4氢化系统	15000	9750	5250	项目建成后，年新增销售收入3700万元，新增利润3000万元，新增税金561万元

续表

序号	项目名称	实施单位	建设内容	总投资（万元）	其中（万元）		效益
					银行贷款	自筹及其他	
21	年产 10 万吨铜铸件项目	玉门市	建设年产 10 万吨铜铸件项目，安装铜铸件生产主要设备及辅助设备	80000	52000	28000	项目建成后，年新增销售收入 600000 万元，新增净利润 16000 万元，新增税金 2992 万元
22	年 5 万吨冶炼废渣综合利用项目	玉门市	利用冶炼硅铁和冶炼碳化硅所产生的电炉渣，经过物理筛选分离方法使各种有效成分归类分离，并采用成熟的多炉芯、多电源混合添加剂等方法，配用少许的劣质煤和石英砂。	1200	780	420	项目建成后，年新增销售收入 1800 万元，新增净利润 600 万元，增值税金 112 万元

（二）煤化工产业

煤化工产业项目共 36 个，项目总投资 317.39 亿元。到 2020 年，实现年销售收入 280.44 亿元，利润 51.73 亿元，税金 9.62 亿元。其中，近期项目 18 个，项目投资 129.65 亿元。项目建成后，实现年销售收入 103.11 亿元，利润 21.76 亿元，税金 4.05 亿元。中远期项目 18 个，项目投资 187.74 亿元。项目建成后，实现年销售收入 177.33 亿元，利润 29.97 亿元，税金 5.57 亿元。

表 7-5 煤化工产业项目投资估算

单位：亿元

	投资	销售收入	利润	税金
近期	129.65	103.11	21.76	4.05
中远期	187.74	177.33	29.97	5.57
合计	317.39	280.44	51.73	9.62

（三）建材非金属产业

建材非金属产业项目共 22 个，项目总投资 34.26 亿元。到 2020 年，实现销售收入 34.1 亿元，利润 6.2 亿元，税金 1.16 亿元。其中，近期项目 11 个，项目投资 8.13 亿元。项目建成后，实现年销售收入 10.29 亿元，利润 2.4 亿元，税金 0.45 亿元。中远期项目 11 个，项目投资 26.13 亿元。项目建成后，实现年销售收入 23.81 亿元，利润 3.79 亿元，税金 0.71 亿元。

表 7-6 煤化工产业循环经济项目

序号	项目名称	实施单位	主要建设内容	总投资（万元）	其中（万元）		效益
					银行贷款	自筹及其他	
			近期重点建设项目				
1	年产 240 万吨煤炭洗选项目	甘肃松迪焦化有限责任公司	采用先进的（3GDMC1500/110AI）大型无压给料三产品重介质旋流器为主选设备，建设入洗原煤 240 万吨/年的生产线一条，实现日处理原煤 7273 吨，为煤焦化生产线供煤	15400	0	15400	项目建成后，预计年实现销售收入 80100 万元，净利润 3300 万元，税金 10400 万元
2	年产 100 万吨焦化生产线项目	甘肃松迪焦化有限责任公司	项目拟定建设规模为年产焦炭 100 万吨，炉型选用 TJL5550D 型捣固焦炉，炭化室炭化室平均宽 500 毫米。相应配套贮焦、冷装、电捕、脱硫及硫回收、蒸氨、硫铵、洗脱苯工艺设施和公用工程设施（新鲜水、循环水、消防水、生化处理、制冷站、空压站、锅炉房、软水站、变电所、气柜加压站）等	48300	20500	27800	项目建成后，预计年实现销售收入 118700 万元，净利润 11000 万元，税金 17800 万元
3	年产 50 万吨电石生产项目	玉门市	项目拟定采用 25000KVA 以上矿热炉技术，建设年产 50 万吨电石生产线	25000	15000	10000	项目建成后，预计年实现销售收入 90000 万元，净利润 9000 万元，税金 15300 万元
4	年产 30 万吨聚氯乙烯（PVC）生产项目	玉门市	项目拟定采用电石法生产工艺（干法制乙块），遵循资源循环利用的生产模式，建设年产 30 万吨聚氯乙烯（PVC）生产线	58000	34800	23200	项目建成后，预计年实现销售收入 142000 万元，净利润 13600 万元，税金 13700 万元

续表

序号	项目名称	实施单位	建设内容	总投资（万元）	其中（万元）		效益
					银行贷款	自筹及其他	
5	年产5万吨粗苯精制生产线项目	玉门市	建设年产5万吨粗苯精制生产线	25000	15000	10000	项目建设后，预计年实现销售23000万元，净利润3900万元，税金5800万元
6	年产100万吨煤制甲醇项目	玉门市	项目拟建设年产300万吨煤制甲醇项目中的第一期年产100万吨生产线，主要包括生产设备及配套设施建设	276000	166000	110000	项目建成后，预计年实现销售收入140000万元，净利润42600万元，税金18200万元
7	年产10亿立方米煤制天然气联产项目	玉门市	项目拟定建设年产10亿立方米煤制合成天然气生产线，大致需煤炭260万吨，同时可年产副产品煤焦油16万吨，粗酚1.7万吨年，硫磺3万吨，液氨2万吨	500000	325000	175000	项目建成后，预计年实现销售收入165000万元，净利润48000万元，税金28000万元
8	年产20万吨二甲醚生产项目	玉门市	项目拟定以甲醇为原料，应用国产化大型空分装备，采用气相甲醇加压催化脱水和精馏给水，建成年产20万吨二甲醚的生产能力	20000	12000	8000	项目建成后，预计年实现销售收入27000万元，净利润4600万元，税金8000万元

续表

序号	项目名称	实施单位	建设内容	总投资（万元）	其中（万元）		效益
					银行贷款	自筹及其他	
9	年产20万吨高清洁醇醚燃料生产项目	玉门市	项目拟定利用园区内生产的甲醇和二甲醚为原料，通过加入添加剂进行醚化反应生产醇醚高清洁燃料，规模达到年产20万吨	8000	3000	5000	项目建成后，预计年实现销售收入32000万元，净利润2400万元，税金5400万元
10	年产30万吨离子膜烧碱项目	玉门市	项目拟定新建年产30万吨烧碱生产线，主要建设内容包括生产装置所需设备（聚合釜、电解槽、合成塔、碳化塔、离心机、压缩机、过滤机），辅助及公用工程及其他基本建设工程，建筑工程及其他基本建设工程，安装工程	70000	42000	28000	项目建成后，预计年实现销售收入65000万元，净利润11000万元，税金11000万元
11	年产2万吨硫酸法钛白粉改扩建项目	玉门静洋钛白粉制造有限责任公司	项目拟采用硫酸法制钛白粉工艺，在原有基础上改扩建成年产2万吨钛白粉生产线	9500	3600	5900	项目建成后，预计年实现销售收入21600万元，净利润2600万元，税金3600万元
12	年产20万吨硫酸项目一期10万吨项目	玉门市	项目拟定采用硫铁矿制硫酸工艺，采用先进设备，分期建设成年产20万吨硫酸生产线，其中第一期建设年产10万吨规模	3000	1000	2000	项目建成后，预计年实现销售收入3600万元，净利润800万元，税金700万元

续表

| 序号 | 项目名称 | 实施单位 | 建设内容 | 总投资（万元） | 其中 | | 效益 |
					银行贷款	自筹及其他	
13	年产 10 万吨硫酸铵项目	玉门市	项目拟定建设年产 10 万吨硫酸铵生产线，主要建设内容包括生产车间、生产设备及配套设施	5000	2000	3000	项目建成后，预计年实现销售收入 5400 万元，净利润 1200 万元，税金 800 万元
14	年产 30 万吨煤制合成氨项目	玉门市	建设年产 30 万吨煤制合成氨生产线	62000	12000	50000	项目建成后，预计年实现销售收入 54000 万元，净利润 13500 万元，税金 4900 万元
15	年产 5 万吨硫化碱生产项目	玉门市	建设年产 5 万吨硫化碱生产线	5500	1500	4000	项目建成后，预计年实现销售收入 35000 万元，净利润 1300 万元，税金 7000 万元
16	年产 52 万吨尿素建设项目	玉门市	建成年产 52 万吨尿素生产线	47800	10000	37800	项目建成后，预计年实现销售收入 87500 万元，净利润 14400 万元，税金 8500 万元
17	年产 10 万吨聚苯乙烯项目	玉门市	建设年产 10 万吨聚苯乙烯项目	53000	10000	43000	项目建成后，预计年实现销售收入 102500 万元，净利润 11000 万元，税金 12000 万元

续表

序号	项目名称	实施单位	建设内容	总投资（万元）	其中（万元）		效益
					银行贷款	自筹及其他	
18	日产量1000吨超白压延太阳能光伏玻璃生产线项目	玉门市	建设日产量1000吨超白压延太阳能光伏下班生产线	65000	15000	50000	项目建成后，预计年实现销售收入115000万元，净利润20000万元，税金16800万元
			中远期重点建设项目				
19	年产800万吨煤炭洗选改扩建项目	玉门市	项目拟定将原有年产240万吨洗煤生产规模，建至年产800万吨洗煤规模，包括新建560万吨洗煤生产线，及配套设施	35900	23300	12600	项目建成后，预计年实现销售收入18400万元，净利润6800万元，税金2700万元
20	年产300万吨焦化改扩建项目	玉门市	项目拟定将原有年产100万吨，建至年产300万吨，建设200万吨煤焦化生产线主要内容及其配套辅助设施	96600	41000	55600	项目建成后，预计年实现销售收入237400万元，净利润19200万元，税金34700万元
21	年产150万吨电石改扩建项目	玉门市	项目拟定将原有年产50万吨，扩建至150万吨，新建100万吨电石生产线主要内容及其配套辅助设施	50000	30000	20000	项目建成后，预计年实现销售收入180000万元，净利润10500万元，税金30600万元

续表

序号	项目名称	实施单位	建设内容	总投资（万元）	其中（万元）		效益
					银行贷款	自筹及其他	
22	年产100万吨聚氯乙烯（PVC）改扩建项目	玉门市	项目拟定将原有年产30万吨聚氯乙烯（PVC）生产项目扩建至年产100万吨，建设内容主要包括新建70万吨PVC生产线及其配套辅助设施	122000	73000	49000	项目建成后，预计年实现销售收入326600万元，净利润21600万元，税金42400万元
23	年产30万吨煤焦油改扩建项目	玉门市	项目拟定将原有年产5万吨煤焦油项目扩建至年产30万吨，建设内容主要包括新建25万吨煤焦油综合利用生产线及其配套辅助设施	25000	15000	10000	项目建成后，预计年实现销售收入20000万元，净利润6200万元，税金3300万元
24	年产300万吨煤制甲醇改扩建项目	玉门市	项目拟建设年产300万吨煤制甲醇项目中的第二期年产200万吨生产线，主要包括生产设备及配套设施建设	552000	330000	222000	项目建成后，预计年实现销售收入280000万元，净利润85200万元，税金36400万元
25	年产20亿方米煤制天然气联产改扩建项目	玉门市	项目拟定将原有年产10亿立方米煤制天然气生产线扩大至20亿立方米，主要建设内容包括新建一条10亿立方米生产线，及其副产品回收利用设施	500000	325000	175000	项目建成后，预计年实现销售收入165000万元，净利润55000万元，税金36400万元

续表

序号	项目名称	实施单位	建设内容	总投资（万元）	其中（万元）		效益
					银行贷款	自筹及其他	
26	年产50万吨二甲醚改扩建项目	玉门市	项目拟定以甲醇为原料，应用国产化大型空分装备，将原有生产规模扩大至50万吨，建设内容包括新建年产30万吨二甲醚生产线及其配套设施	30000	18000	12000	项目建成后，预计年实现销售收入40500万元，净利润8700万元，税金6800万元
27	年产60万吨高清洁醇醚燃料改扩建项目	玉门市	项目拟定将原有高清洁醇醚燃料产能从年产20万吨扩大到60万吨，建设内容主要为新建年产40万吨生产线及配套设施	16000	6000	10000	项目建成后，预计年实现销售收入64000万元，净利润5300万元，税金7100万元
28	年产30万吨甲醛生产项目	玉门市	项目拟定以甲醇为原料，采用先进设备和工艺，新建年产30万吨甲醛生产线一条	16900	10000	6900	项目建成后，预计年实现销售收入39000万元，净利润3050万元，税金6600万元
29	年产30万吨醋酸生产项目	玉门市	项目拟定建设包括甲醇制醋酸装置及配套辅助设施，形成年产30万吨醋酸生产线	100000	75000	25000	项目建成后，预计年实现销售收入105000万元，净利润18700万元，税金17800万元

续表

序号	项目名称	实施单位	建设内容	总投资（万元）	其中（万元）		效益
					银行贷款	自筹及其他	
30	年产80万吨离子膜烧碱改扩建项目	玉门市	项目拟定将原有年产30万吨生产项目扩建至年产80万吨，包括新建50万吨烧碱生产线及其配套辅助设施	140000	84000	56000	项目建成后，预计年实现销售收入108000万元，净利润24100万元，税金18300万元
31	年产6万吨氯化法制钛白粉项目	玉门市	项目拟定采用氯化法制钛白粉工艺，新建年产6万吨钛白粉生产线及其配套设施	68000	44000	24000	项目建成后，预计年实现销售收入80000万元，净利润12200万元，税金13600万元
32	年产20万吨硫酸改扩建项目	玉门市	项目拟定建设总规模为20万吨的硫铁矿制硫酸生产线第二期工程，主要包括新建10万吨硫酸生产线及其配套设施	3000	1000	2000	项目建成后，预计年实现销售收入3600万元，净利润800万元，税金600万元
33	年产30万吨硫酸铵改扩建项目	玉门市	项目拟定将原有年产10万吨硫酸铵生产项目扩建至年产30万吨，建设内容主要包括新建20万吨硫酸铵生产线及其配套辅助设施	10000	4000	6000	项目建成后，预计年实现销售收入10800万元，净利润2300万元，税金1700万元

续表

序号	项目名称	实施单位	建设内容	总投资（万元）	其中（万元）银行贷款	其中（万元）自筹及其他	效益
34	年产 50 万吨氮肥建设项目	玉门市	利用煤制合氨建设年产 50 万吨氮肥生产线	82000	60000	22000	项目建成后，预计年实现销售收入 65000 万元，净利润 14100 万元，税金 7100 万元
35	年产 10 万吨有机化工助剂（工业甲基萘、工业三混甲酚）生产线建设项目	玉门市	建设年产 10 万吨有机化工助剂生产线	200000	12000	80000	项目建成后，预计年实现销售收入 17000 万元，净利润 3800 万元，税金 2890 万元
36	年产 6 万吨无水氢氟酸项目	玉门市	项目拟定采用国际先进技术，应用 3000×25000 反应大转炉工艺，原料用发烟硫酸、浓硫酸、萤石粉、混品槽、购置回转炉、冷凝器、初冷器、洗涤塔、建成氢氟酸生产线、设备，达到年产 6 万吨无水氢氟酸规模	10000	6500	3500	项目建成后，预计年实现销售收入 13000 万元，净利润 2100 万元，税金 2200 万元

表 7 - 7　建材非金属产业项目投资估算

单位：亿元

	投资	销售收入	利润	税金
近期	8.13	10.29	2.40	0.45
中远期	26.13	23.81	3.79	0.71
合计	34.26	34.10	6.19	1.16

（四）基础设施

基础设施建设项目总投资 26 亿元。基础设施重点项目的实施，将建设和完善仓储物流区、综合服务区、废弃物分选回收区等生产服务区和生活服务区，为入园企业提供基础服务，进一步完善园区功能。

（五）资金来源与进度安排

企业通常采取多元化的渠道进行资金的筹措，常用的筹措资金方式有三种：一是企业自筹，二是银行贷款，三是国家及省上支持。项目总投资为 460.28 亿元，不同性质的项目资金来源及其构成有所不同，初步估算需要企业自筹资金总额为 248.71 亿元，申请银行贷款总额为 211.57 亿元。为弥补资金的短缺，实现玉门市循环经济园区又好又快发展，建议国家及省上安排资金。其中，对于发展循环经济的中小企业予以适当的资金倾斜。分年度将国家及省上支持的资金用于玉门市循环经济园区重点建设项目的发展。在此资金安排框架下，园区要抓紧项目的前期工作。对前期工作开展较好的项目尽快上报，发展改革委员会以及有关部门按照预算内资金和财政奖励资金，予以必要的支持。

表 7-8 建材非金属产业循环经济项目

序号	项目名称	实施单位	建设内容	总投资（万元）	其中（万元）		效益
					银行贷款	自筹及其他	
			近期重点项目				
1	西部水泥2500t/d干法水泥生产线改造项目	玉门市	建成年产100万吨干法水泥生产线项目	20500	9225	11275	项目建成后，预计年实现销售收入24800万元，净利润4731万元，税金880万元
2	年产20万吨新型材料扩建项目	玉门市	建成20万吨新型材料	2520	1008	1512	项目建成后，预计年实现销售收入3600万元，净利润1536万元，税金285万元
3	年产100万吨混凝土空心砌块、免烧砖加工项目	玉门市	建成100万吨新型建材	6400	2660	3740	项目建成后，预计年实现销售收入11000万元，净利润2605万元，税金485万元
4	冶金固体废渣综合利用年产30万立方耐高温防火料项目	玉门市	对全市的冶炼企业产生的废渣进行综合利用，形成年产30万立方的新型耐高温防火材料	3200	1280	1920	项目建成后，预计年实现销售收入4100万元，净利润1900万元，税金353万元
5	年产20万吨脱硫石膏加工水泥缓凝剂	玉门市	利用火电厂的脱硫石膏生产水泥的缓凝剂	300	120	180	项目建成后，预计年实现销售收入1600万元，净利润600万元，税金111万元

续表

序号	项目名称	实施单位	建设内容	总投资（万元）	其中（万元）		效益
					银行贷款	自筹及其他	
6	巨峰年产60万立方新型墙体材料项目	玉门市	建设年产60万立方新型墙体材料建设项目	5400	2160	3240	项目建成后，预计年实现销售收入12000万元，净利润2905万元，税金540万元
7	年产20万吨方解石重质碳酸钙加工项目	玉门市	新建碳酸钙加工厂，年产碳酸钙20万吨	3200	1280	1920	项目建成后，预计年实现销售收入5000万元，净利润1700万元，税金316万元
8	年产20万立方米粉煤灰加气混凝土砌块项目	玉门市	建成年产20万方粉煤灰加气混凝土砌块生产线及生产车间、辅助设施和总体工程	2100	840	1260	项目建成后，预计年实现销售收入4110万元，净利润1300万元，税金241万元
9	年产100万平方米大理石、花岗岩石材加工项目	玉门市	建成年产100万平方米大理石、花岗岩石材生产线项目	3480	1392	2088	项目建成后，预计年实现销售收入6500万元，净利润1478万元，税金275万元
10	年产20万吨石灰石采选及高岭土加工项目	玉门市	建设年产20万吨用于炼钢铁所需的石灰石，	1500	600	900	项目建成后，预计年实现销售收入2200万元，净利润660万元，税金122万元
11	年产3万吨玻璃纤维生产线项目	玉门市	建成年产3万吨玻璃纤维建设项目	32700	13080	19620	项目建成后，预计年实现销售收入28000万元，净利润4565万元，税金849万元

续表

序号	项目名称	实施单位	建设内容	总投资（万元）	其中（万元）		效益
					银行贷款	自筹及其他	
			中远期重点建设项目				
12	年产100万平方米新型防水屋面材料项目	玉门市	建成年产100万平方米新型防水屋面材料建设项目	2500	1000	1500	项目建成后，预计年实现销售收入3000万元，净利润550万元，税金102万元
13	年产15万吨铝型材加工项目	玉门市	建成年产15万铝型材加工项目	98060	39224	58836	项目建成后，预计年实现销售收入67500万元，净利润9230万元，税金1717万元
14	年产10万吨电熔镁砂及镁质耐水材料项目	玉门市	建成年产10万吨电熔镁砂及镁质耐水材料项目	16490	6596	9894	项目建成后，预计年实现销售收入23000万元，净利润3589万元，税金667万元
15	年产60万吨矿渣综合利用水泥生产线项目	玉门市	建成年产60万吨矿渣综合利用水泥生产线项目	16000	6400	9600	项目建成后，预计年实现销售收入18000万元，净利润2905万元，税金540万元
16	年产10万吨红柱石耐火原料精选深加工项目	玉门市	建成年产10万吨红柱石耐火原料精选深加工项目	5250	2100	3150	项目建成后，预计年实现销售收入6500万元，净利润2992万元，税金556万元
17	年产300万平方米镁质外墙保温板项目	玉门市	建成年产300万平方米镁质外墙温保板生产线项目	7500	3000	4500	项目建成后，预计年实现销售收入11000万元，净利润2991万元，税金556万元

续表

序号	项目名称	实施单位	建设内容	总投资（万元）	其中（万元） 银行贷款	其中（万元） 自筹及其他	效益
18	年处理 3 万吨石棉尾矿蛇纹石综合利用项目	玉门市	建成年处理 3 万吨石棉尾矿蛇纹石综合利用项目	13000	5200	7800	项目建成后，预计年实现销售收入 27000 万元，净利润 4648 万元，税金 864 万元
19	建成年产 25 万吨氧化铝加工铝材项目	玉门市	利用 100 万吨电厂粉煤灰生产 25 万吨氧化铝综合利用项目	95000	38000	57000	项目建成后，预计年实现销售收入 75000 万元，净利润 8300 万元，税金 1544 万元
20	年产 10 万吨石英砂建设项目	玉门市	年产 10 万吨石英砂生产线及配套设施建设	1300	520	780	项目建成后，预计年实现销售收入 1200 万元，净利润 690 万元，税金 128 万元
21	年产 1.2 万吨硅镁系列化合物粉材料项目	玉门市	年产镁系列化合物粉体 6000 吨，硅系列氧化物粉体的白炭黑 6500 吨，回收硫酸铵 2 万吨	2570	1300	1270	项目建成后，预计年实现销售收入 800 万元，净利润 350 万元，税金 65 万元
22	年产 15 万吨超细碳酸钙粉体及聚烯烃改性材料生产项目	玉门市	建设年产 15 万吨超细碳酸钙粉体及 2 万吨聚烯烃改性材料生产线、建生产车间、原料库、成品库及府属用房 8000 平方米、购置设备 27 台套	3620	1800	1820	项目建成后，预计年实现销售收入 5100 万元，净利润 1750 万元，税金 325 万元

表 7 - 9　分年度重点项目资金安排

单位：亿元

资金来源	近期	中远期	合计
企业自筹及其他	86.22	162.49	248.71
银行贷款	70.19	141.38	211.57
合计	156.41	303.87	460.28

二　玉门市循环经济园区的效益分析

（一）经济效益

玉门市循环经济园区重点建设项目全部建成投产后，预计将实现年销售收入 601 亿元，利润 75 亿元，年税金 14 亿，具有明显的经济效益。（见表）

表 7 - 10　重点建设项目经济效益

单位：亿元

项目类型	年销售收入	年利润	年税金	投资回收期（年）
黑色、有色冶金	286.46	18.00	3.37	4.69
煤化工	280.44	51.73	9.62	6.42
建材非金属	34.10	6.20	1.16	4.82
合计	601.00	75.93	14.15	15.93

（二）社会效益

项目建成后，预计年增加税金 14.15 亿元，将有效提高玉门市财政收入，从而有效保障园区基础设施建设与完善，改善生产生活条件，提高生活水平。同时，有效推动社会保障、就业培训、基础教育、医疗卫生、民族文化等各项社会事业的全面、快速、健康发展。

项目建成后，将利于循环经济主导产业体系的形成和完善，将对玉门市产业结构调整、优化产生有效的引导和示范效应，带动玉门市充分发挥自身资源及区位优势和国家政策机遇，逐步构建煤化工、黑色、有色冶金、建材非金属为主的现代高载能循环经济产业体系。

项目建成后，将创造 30000 个以上就业岗位；随着园区的不断发展，配套服务设施的逐步完善，届时将创造更多的间接就业岗位。就业渠道的拓展，以及伴随区域经济社会发展而不断强化的就业培训，将有效安置当地劳动力，提高居民收入水平，加强群众安定团结，促进社会和谐发展。

（三）生态效益

项目建成后，预计全面优化园区能源生产结构，促进生产、生活领域的能量梯级利用，降低单位经济增长的能源消耗，实现国家和甘肃省要求的各项节能指标。提高能源利用效率，实现节能减排目标。

项目建成后，能够加快形成各经济主体上下游之间的有机联系纽带，将有效引导企业内外、行业内外以及产业内外的物质流动特性，推动社会生产领域物质循环体系的形成与完善，构建完整的循环经济产业体系，促进资源利用最大化和废物产生最小化，有效地改善当地生态环境。

三　玉门市循环经济园区的保障措施

（一）完善组织管理机构

1. 成立玉门市循环经济园区领导小组

成立以玉门市政府分管领导为组长，相关部门为成员的循环经济园区工作领导小组。领导小组定期召开会议，统筹解决园区建设和发展的事项决策、政策制定和工作指导等问题。领导小组下设办公室，主要职责为统筹规划，具体协调"飞地"建园模式中各县区利益分配，指导解决影响园区建设和发展的实际问题，督促落实有关政策措施。

2. 组建玉门循环经济园区管理委员会

在玉门建材化工工业区现有管理机构的基础上，组建玉门市循环经济园区管理委员会（以下简称"管委会"），实行玉门市和玉门市双重领导的封闭式管理模式。管委会行使经济管理权和独立财政管理权，享有一定行政管理和审批权。管委会组织编制和实施循环经济园区建设规划、土地开发和基础设施规划，负责招商引资和对外经济技术合作，开展企业审核、入驻工作，管理园区固定资产，定期向上级领导部门汇报园区发展情况，承担上级领导部门交办的事宜等。

3. 构建区域经济合作平台

统筹规划，协调安排，构建"酒嘉哈－青海内蒙"西部区域经济合作平台。建立快捷方便的区域信息交流渠道，协调省内外区域资源，保障园区原料和能源供给，以及产品的输出。集中整合区域高载能企业，优化产业结构，实现区域资源合理分配，达到经济效益、社会效益和生态效益的最大化。

（二）制定优惠政策措施

1. 财政扶持政策

制定积极的财政扶持政策。争取甘肃省及玉门市资金支持，重点用于园区基础设施建设，环境综合治理及技术创新平台建设等。设立发展循环经济财政专项资金，对再生资源回收、污水和垃圾处理循环经济重点项目，实行投资补助、资金注入等方式，给予财政扶持；对引进废弃物资源化工艺设备、技术的企业，实行科研、实验费用补助政策；对应用先进能源利用设备的企业，实行设备投资补贴政策；对循环经济试点企业，采取项目资金支持、亏损补贴、财政贴息等政策。

2. 融资政策

面向市场、建立有利于循环经济发展的良性风险担保体系和中小企业融资担保体系。积极支持国家政策性银行、商业银行等金融机构为园区提供融资，建立公共融资平台。推动企业信用担保体系建设，探索适合企业发展的多种担保方式，为园区入驻企业融资提供担保平台。建立与商业银行紧密联系的新型银-企合作关系，积极支持商业银行在园区内设立分支机构。

3. 税收政策

针对玉门市循环经济园区的特殊性，本着资源共享、园区共建、集群发展、利益分成的原则，对研发和推广循环经济技术的重要企业在增值税、所得税、土地税等方面实行税收减免政策。引入企业随增值税、消费税、营业税附征的城建税、教育费附加、甘教费附加和企业所得税部分留归玉门，用于园区基础设施建设，环境综合治理和幼儿园、卫生院等社会事业发展。

4. 价格政策

针对园区进行水、电和土地等的优化政策。推行生产、生活用水阶梯式水价制度和分质定价制度，合理确定再生水价格，适当提高水资源费和污水处理费征收标准，水资源费和污水处理费专项用于水资源节约、保护和管理，以及水资源合理开发。构建园区局域网供电机制，针对园区采取直销电价的政策，以优惠的电价政策吸引大项目、好项目入驻园区。对符合产业准入政策、有资源优势的新上现代高载能项目提供定向供电服务。鉴于园区所处地区为戈壁滩，按照属地管理的原则，给予园区相对宽松的土地政策和支持。

5. 门槛准入政策

支持通过多种途径有序的推进产业转移，在园区集中建设"飞地"建园板块。对入驻园区的项目必须符合国家产业政策，节能环保政策以及园区产业发展规划。对高附加值、高成长性、高科技项目按照"优先优惠"的原则入驻实施。对园区内循环经济产业项目适当放宽规模，对围绕工业废弃物及副产品开发建设循环经济项目，给予一定的优惠扶持。

6. 环境容量调整政策

围绕三大主导产业发展循环经济，开展清洁生产，进行副产品和废物的资源化再利用，提高园区环境容量和环境质量。促进园区集中治理污染，扩大治污效益，搞好节能减排。积极争取玉门循环经济园区环境容量调整政策，调整玉门市污染物总量指标分配，适当向园区倾斜，其中二氧化硫 7800 吨、氮氧化物 2200 吨、化学需氧量 2450 吨、氨氮 120 吨。

7. 协调兰铁局将现有铁路闲置资产无偿交由园区使用

园区兰铁局所属土地均为政府划拨土地，根据《闲置土地处置办法》（国土资源部部令 5 号）第五十八条"因单位撤销、迁移等原因，停止使用原划拨的国有土地的，由有关人民政府土地行政主管部门报经原批准用地的人民政府或者有批准权的人民政府批准，可以收回国有土地使用权"的有关政策规定，为有效利用东镇闲置土地和大红泉供水设施、13 眼机井、房屋等资产，统一规划园区服务设施，协调兰铁局将无偿划拨的土地和闲置资产进行整体移交，用于园区的规划和建设。

（三）强化技术支撑体系

1. 提高适用技术自主开发能力

将资源节约、循环利用关键性技术研发，纳入园区科技开发计划和产业发展计划。鼓励创建循环经济技术开发重点实验室、研发中心。积极引进和消化、吸收先进的循环经济技术，重点组织开发能量梯级利用技术、废物综合利用技术、延长产业链技术、绿色再制造技术以及可再生能源开发利用技术等，提高循环经济技术支撑能力和创新能力。结合节能减排项目建设，推动能源节约和替代技术、综合优化技术、节能降耗技术、等研究开发。支持科研单位和企业研发制造节能、节水、节材、低耗、环保型装备。

2. 加强循环经济技术合作

加强区域间的技术合作，推进区域循环经济发展。主要加强在环保、节能减排、清洁生产、资源综合利用等方面的技术、人才和信息交流。创新合作模式，全面提高技术水平，加快技术研究开发与应用进程，加强企业、高校、科研机构以及行业、区域之间循环经济技术、资源综合利用和环境治理等方面的横向合作和联合攻关。积极引进发达国家先进的能源资源循环利用技术，鼓励外商投资污染防治、节能和资源综合利用项目。

（四）培养引进专业人才

1. 加强产业技能人才培养

从战略高度加强技能人才的深度培养。依托重点企业建立一批实训基地，支持企业加大培养投入，按比例足额提取教育培养经费，列入成本开支，并在企业所得税前扣除。鼓励有条件的企业与有技术优势的院校合作，建立"订单式"人才培养机制，共同制订人才培养方案，提高人才培养的针对性和适应性；开展企业与科研院所、高等院校合作培养循环经济方向的研究型和复合型人才，联合培养一批年富力强、具有创造性的中青年技术创新带头人才。加强职业技术教育，大力培养工业发展所需和接续性产业工人，特别是高级技术工人。

2. 加快优秀专业人才引进

在留住并充分发挥现有人才作用的基础上，采取"刚性引进"和"柔性流动"的方式吸引优秀人才，引进人才即可专职，也可兼职，实行双职双薪或多职多薪；采取智力引进、技术入股、技术承包、聘请讲学、聘请顾问、短期招聘等形式，加快引进专业人才。不限优秀人才在园区内的工作时间，保证来去自由，取消人才流动中的部门、身份和地域界限，变行政管理、户籍管理为身份管理，变人才流动为智力流动。

（五）构建信息服务平台

1. 建设管理信息平台

将信息化作为循环经济园区管理的主要手段，推动循环经济政务信息化及企业管理信息化进程。以网络建设为重点，加快建设园区的局域网，扩大信息流量，加快信息流通速度，建设技术先进、标准统一、覆盖全面、体系开放、结构合理的信息网络，提高政府机构和企业的工作效率、服务与管理质量，建设循环经济管理信息平台，逐渐构建循环经济管理信息系统，实现园区管委会和各企业间信息充分共享，为循环经济园区的管理和发展提供便捷渠道。

2. 建设公共服务平台

建设面向园区的信息化公共服务平台，该平台主要包括循环经济技术交流平台、区域性废物交易中心平台和资源再利用平台。建立专门研究分析各行业有关循环经济发展、节能和资源综合利用信息专业服务机构。培育发展一批提供实验分析、检测分析、节能审核、能源计量、能源平衡测试、投融资、信用担保、项目咨询、管理咨询、运营服务、综合评价分析、人才培训等公共服务的中介机构。

（六）完善统计评价考核机制

1. 完善统计机制

定期进行园区排污总量和能耗总量的分类统计工作。具体统计各企业单位产品能耗、单位生产总值能耗、单位生产总值取水量、重点产品单位能耗、重点产品单位水耗、工业固体废物综合利用率、工业用水重复利用率、工业固体废物处置量、工业废水排放量，将统计数据和园区、企业的经济、社会、生态效益进行综合分析，并将统计结果与资金支持、税费优惠、项目立项等方面相联系。

2. 完善评价考核机制

制定评价考核的具体细则，统一考核标准，实行项目考核公示制度。设立以下奖项：工业项目建设奖、工业项目招商引资奖、工业企业纳税贡献奖、工业企业品牌奖和工业企业吸纳就业奖等。其中工业项目建设奖的奖励对象为项目引入园区的部门领导班子，工业项目招商引资奖的奖励对象为项目第一引资人或直接投资人，工业企业纳税贡献奖、工业企业品牌奖、工业企业吸纳就业奖的奖励对象为入驻园区的工业企业。奖励考核工作由市委、市政府统一组织，组成全市工业项目奖励考核组，采取单位申报、听取汇报、现场查看、查阅资料、核对账目等方式进行统一考核，并研究确定奖励单位和奖励类别。符合国家《资源综合利用目录》《资源综合利用企业所得税优惠目录》规定要求的产品，依法享受减免增值税、所得税等优惠政策。实行节能环保项目按国家规定减免企业所得税及节能环保专用设备投资按规定抵免企业所得税政策。健全"飞地"建园相关考核机制。把"飞地"建园发展列入各级各单位年度实绩考核，年底通过专门考核。建立监督奖惩机制。将飞地项目视同招商引资项目纳入考核指标体系。

第八章　完善基于产业共生的园区循环经济模式的对策建议

基于产业共生的园区循环经济是一个复杂的系统工程。在园区内企业之间构建资源、能源、信息等循环交换体系的同时，也要与外部环境形成稳定协调的联动系统。循环经济园区外部因素的作用机制相当复杂，它不仅需要从国家层面得到最基本的法律法规、政策制度的保障，也需要接受来自地方政府的管理、监督和协调等行政调控，同时需要得到来自科研院所的技术支持，以及来自社会组织和民众多种形式的广泛参与。总之，基于产业共生的园区循环经济的发展依赖所有相关参与主体的协同作用，才能推进发展效果的提升。为此，从发挥政府管理引导、完善循环经济制度体系、强化循环经济技术支撑、找准共生模式发展重点、建立循环经济长效机制和培育循环经济主体意识等方面提出对策建议。

第一节　发挥政府管理引导作用

政府在基于产业共生的园区循环经济发展中扮演引导者的角色。加强政府对园区循环经济的引导，提高社会对产业共生发展模式的认识和了解，促使企业和个人积极参与产业共生发展模式建设，将产业共生理念贯穿到循环经济园区生产、生活、生态的各领域和全过程。

一　加强政府规划编制引导

目前，我国多数循环经济产业园区还处于快速发展阶段，园区内企业受资源、资金、人才、管理经验等因素的影响，对市场发展趋势的把握不够灵敏，需要各级政府在宏观层面上给予引导，确保循环经济产业园区实现健康可持续发展，并能够符合国际标准。而且，市场自发演化比较缓慢，仅仅依靠市场的自组织能力进行发展是不够的，这也需要政府这只"看得见的手"进行科学指引和合理规划。要以可持续发展战略思想为指导，科学制定园区循环经济发展规划。按照各个不同区域功能要求进行合理划分，并制定相应的环境质量标准。一是在园区上风向、水源地和环境脆弱地带，严禁兴建项目，从源头上控制污染。二是要遵循生态规律，实行合理布局，形成产业生态链。三是推动园区基础设施建设，完善水利、市场、仓储以及交通等基础设施，降低生产成本和流通成本，促进向产业共生模式方向发展。四是加强园区生态建设和污染综合防治，全面提高管理水平。

二　加强政府标准规范制定引导

发挥环保部门引领作用，出台统一的管理办法、制定技术标准、规范编制指南、提供可持续的资金来源；发挥管委会主导作用，切实发展循环经济产业园区领导小组和办公室的职能和作用；有条件的园区尽快设立循环经济园区支撑中心，进行管理和技术等方面的持续推进和支撑；充分发挥核心节点企业的作用，通过产业链传导机制建立企业合作网络。开展循环经济产业园区审核，建立可测量、可比较和可验证的评价指标体系；建设交流平台，例如，废物交换俱乐部，培育生态创新平台，建立生态低碳创新联盟等。

三　加强政府产业发展引导

一是引导发挥多元核心增长极的带动作用，集中培育多元中心，增强产业共生网络的向心力和集聚程度。由于资源循环利用企业具有较强的网络中心性，可以适当增加其相关企业的数量，以降低对单个核心企业的依赖性，保持产业共生网络的稳定性。二是引导建立产业共生发展模式，一方面延伸产业链并增强不同产业链之间的联系，提高资源利用效率；另一方面增强产业共生网络的通达性，提高组织方式革新和抵御风险能力。

第二节　完善产业共生制度体系

我国已经制定了 4 部环境法律、8 部资源管理法律、20 多项环境资源管理行政法规、260 多项环境标准，但我国现行环境立法观念还局限于"污染治理"的思维模式上，这和产业共生的理念不一致，所以要尽快对现行的环保法律进行系统的修改，以"减量化""再利用""再循环"原则为指导，促使环保法律成为产业共生和循环经济建立的制度保障。

一　加强产业共生循环经济立法

法律是确定社会活动行为主体之间的责、权、利关系的有效规则，具有强制性的特点，有利于降低各主体行为的不确定性。推动产业共生和循环经济发展，必须借助于法律强制手段和政策手段，才能保障循环经济活动的顺利开展。目前应着重建立资源环境有偿使用法规、资源循环再生利用法规、废物回收法规、排污权交易法规、绿色消费法规、相关激励法规等，明确把生态环境作为资源纳入政府的公共管理范畴，以法律形式支持倡导新的行为规范和行为准则，从中央到地方建立起具有权威的管理机构，严格监督规划和法律的实施。

二　重点建设绿色国民经济核算制度

实施可持续发展战略，发展循环经济，是实现经济增长方式转变的根本途径，这就要求改革现行的经济核算制度，建立科学的、绿色的国民经济核算制度。在现行国民经济核算体制下，人类生产和消费活动中使用环境和自然资源的真实成本得不到反映，在 GDP 计算方法上，环境污染所导致环境质量的下降，不仅没有从最终附加值中扣除，环境治理的费用还被列入了国民收入。现行核算方法严重背离了经济运行的实际，并不能对"减量化、再利用、资源化"三个原则的实施提供正确的指导，导致了以环境资源存量和质量迅速恶化为代价的虚假繁荣。必须要改变过去重经济指标，调整环境效益的评价方法，从企业到政府应加快建立包括绿色会计制度、绿色审计制度、绿色国民经济核算体系在内的绿色经济核算制度，以达到结合环境因素和消耗量，全面、客观地评价经济状况，使其准确地反映经济发展中资源的代价和对环境的污染程度。此外，政府需要通过改变对领导干部的考核方法，将产业共生发展目标纳入各级干部政绩考核指标体系，将传统的 GDP 考核改变为绿色 GDP 考核，引导各级领导干部关注资源指标和生态环境指标。

三　强化产业共生的产权政策

明确环境产权，实施环境容量的有偿使用。外部性问题是造成资源环境问题的重要经济根源，外部性问题可以通过适宜的产权制度安排来解决。资源耗竭和环境恶化的根源在于产权不明晰和产权配置不当，只有明晰的产权才能对滥用资源和污染环境构成屏障。对产权难以界定的自然资源和自然环境，如空气、河流，可以划分各地区一定的责任范围，例如合理分摊环境治理费用和严格法制约束，制定出明确的奖惩规则。对无法避免的资源消耗和环境污染，政府可以作为维护生态环境的代表与污染者进行环境产权与排污权的产权交易，充分运用好可持续发展的重要手段和工具，尽可能减少环境污染和无节制使用自然资源及由内部经济性行为导致的外部非经济性行为。虽然在国务院颁布的《关于加快发展循环经济的若干意见》中并没有将发展循环经济的资源与环境产权改革与规划作为实施重点，但是产权政策实际上是发展循环经济的重点与前提。如果没有明晰的产权，那么相关的价格对策、财政对策、投资对策、消费对策的实施效果都将难尽如人意。

四　完善产业共生税收政策

在我国现行税制中，并没有设置专门的针对循环经济的税种，与产业共生相关的税种主要有资源税、消费税、城建税、车船使用税和固定资产投资方向调节税等。但这几项税收收入占国家税收总收入的比重只有8%左右，不足以对产业共生产生巨大影响。因此，发展产业共生需要国家特别的财政税收政策支持，应当研究制定对使用循环再生资源所生产的产品的企业减免税收优惠政策，鼓励企业使用循环再生资源，提高再生资源产品的市场竞争力；考虑将发展产业共生逐步从投资引导转向税收优惠，将计划经济体制下的政府投资拉动变为市场经济体制下的市场选择，形成自发的高效机制，使税收切实为产业共生的发展保驾护航。

第三节　强化产业共生技术支撑

一　加强循环科技供给与投入

科技的供给是建立产业共生的关键环节。可以是来自需求企业自身研发机构，也可以是来自外部科研机构。在加强循环科技供给方面，一是要制定严格的企业内部科技研发管理制度，以界定企业内部研发机构的权利与责任，设立奖惩标准，激发科研人员与生产人员的创造性，提供有效的循环科技，降低企业科研投入的风险；二是要建立"产学研"合作体制，积极开展企业、科研机构、高校之间的合作，建立以企业为主体、科研机构和高等院校、科研院所广泛参与的风险共担的"产学研"合作体制，发挥企业在促进科研成果产业化方面的主体作用；三是增加循环科技研发的资金投入渠道，加大投入，各级政府可以设立专项资金，用于支持循环科技研发，同时注重循环科技项目的实施和资本市场的有机结合，吸引资本市场向科技研发和产业化项目倾斜，多渠道、多层次筹措资金。

二　加大对产业共生相关技术的研发

政府目前要特别对那些迫在眉睫的生态科技难题加快解决进程，对大面积生态退化的修复技术，资源枯竭地区的生态发展技术、区域污染治理的综合技术等加大研究力度。另外要加大清洁生产技术、信息技术、能源综合利用技术、回收和再循环技术、资源重复利用和替代技术、环境监测技术以及网络运输等技术的研究力度，以大力降低原材料和能源消耗，尽可能把污染物的排放消除在生产过程中，为实现产业共生提供技术支撑。

三　用高新技术改造和提升传统产业

大力发展技术含量高、起点高的产业，由技术水平低、资源消耗大、环境污染严重、经济效益低的产业向技术水平高、资源消耗少、有利于环境保护而且经济效益好的产业结构转变，用高新技术改造和提升传统产业，大力发展高新节水节能产业，控制高污染产业发展，对企业进行清洁生产审核，建立了一批循环经济型企业。按照产业共生的要求进行循环经济园区的规划建设，形成具有循环特点的产品链和废物链的生态工业园。要加大技术进步支撑力度，多层次、多形式的国际经济技术合作和交流，引进、消化、吸收国外先进的高科技资源节约设备和技术，改造传统产业以提高资源节约技术含量和水平。

第四节 找准共生模式发展重点

由于我国建设中的循环经济产业园区大多是在企业集团基础上改造而成，核心企业和外来企业过少，以至于还未形成真正意义的产业共生循环经济园，因而，有必要根据不同的产业共生模式，主动引入产业链上的核心企业，并引导它们与现有核心企业在竞争中共生发展；或是积极吸收新兴企业，或主动"购买"生产性服务，参与包括副产品交易市场在内的专业市场建设，完善已有的产业共生链，加强链与链之间地联系，以强化企业的专业性和企业间的相互依赖性，推动循环经济产业园区发展。

一 自主共生型：降低产业依赖度

在自主共生模式的分析中，发现以任何形式存在的寄生企业都不利于双方发展，在不断发展改进的过程中都应该找到适合自身企业的发展模式，摆脱对寄主的依赖。虽然对于每个企业来说，自身的发展都不能依赖于其他企业发展，或者说不能过度依赖。但是对于产业大环境来说，中小企业之间可能由于技术、人才、能源不足等问题而完全或者部分依赖其他企业。在自主共生模式发展的初期阶段各种资源匮乏，一些中小企业可能会依赖核心大企业，一些非主导产业会依赖主导产业而发展。随着人口的增长和经济发展的加快，中小企业应以独立的姿态发展，摆脱对外界依赖，充分发挥企业本身对于产业链条、就业、聚集人口等方面的作用，并且不断创新、不断改革、不断壮大，才能够获得比较优势来与众多企业进行共生。

二 复合共生型：提高资源利用效率

在废物回收利用的实践过程中，重新利用废弃物，可在提高资源利用效率的同时，大大降低环境污染，形成复合共生型模式。以主导产业为基础充分利用产业副产品和废弃物，把这些看似没用的资源利用到其他产业链上，延伸产业链条，同时大力发展高新技术来配合产业链的发展，打造一条循环产业链，把主导产业、仓储物流产业紧密地联系起来，使行业间能够分工协作、资源能够循环利用，形成上下游产业联系紧密、能源循环利用、设备先进的有机组织的复合共生型模式。

三　嵌套共生型：实现产业协同创新

要使产业在更大规模上稳定发展必须抓住企业间的竞争性和创新性，增强产业创新活动力度，增加企业自身竞争优势。必须促进产业结构优化升级，对支柱产业、传统产业、高新技术产业等进行技术改造升级。升级现有设备，不仅升级硬件设施，而且信息化建设等。软件设施也需要不断地创新改造，尤其是在信息时代经济增速不断放缓的大背景下，区域的竞争变得更加激烈，创新竞争不仅可以提高企业的竞争力，还可以活跃市场，推动产业在更高层次上与本区域或者其他区域进行竞争，加快产业园区发展速度和工业化进程，形成嵌套共生型模式。

四　虚拟共生型：促进产业资源共享

虚拟共生型模式就是创造性的合作关系，一方面因竞争催生新企业淘汰"旧"企业，这一过程中促进了科技创新、汲取和储藏信息和人力资源；另一方面合作拉近企业和企业之间的关系，产业之间互联互通加快信息流通速度，同时熟悉自身优势和劣势，有针对性地改善自身品质，提升竞争力以求得更好地合作。在产业园区发展过程中，提倡协同发展，建立一种合理分工、协同竞争、统筹发展的机制。发挥产业园区的优势，实现资源充分利用、互惠互利的虚拟共生型模式。目前，我国还处于工业化中期阶段，产业园区发展还存在多种制约因素和潜在的风险，迫切需要把竞争合作发展为长期性战略。协同竞争和分工合作早已成为虚拟共生型模式演进的主要方向，应该灵活地协调竞争与合作之间的关系，在不破坏共同利益的基础上，资源共享、协同发展。同时，应提升自身竞争力，推动产业升级，对港口物流合作能力提出更高的要求。

第五节　建立产业共生长效机制

一　建立生态补偿机制

生态补偿机制，即自然资源使用人或生态受益人在合法利用自然资源过程中，对自然资源所有权人或对生态保护付出代价者支付相应费用的固定做法。建立这种机制的目的在于支持和鼓励生态脆弱地区更多地承担保护生态而非经济发展的责任。生态补偿是发展产业共生的重要手段，这对改进生态与环境质量，促进经济可持续发展将发挥重要作用。按照"谁受益、谁补偿""谁破坏、谁恢复""谁污染、谁治理"的生态补偿原则，对具有价值的生态环境资源开发利用都应该支付相应的开发者补偿及受益者补偿，其补偿费用于生态环境资源的保护、恢复、更新，改进生态与环境质量，促进经济可持续发展。

二　形成稳定可持续的资金支持机制

建立稳定的资金支持，例如，从排污费中拿出一定比例进行支持。同时，建立类似于韩国的竞争性资金分配机制，基于绩效对资金进行优化配置；促进工业园区可持续的资金循环，促使园区建立发展基金，让获得好处的企业回馈于基金。

三 建立产业共生人才培养机制

解决人才短缺问题，建立服务园区的教育培训体系；加强与研究所、高校等研究院所的合作，采取定向培养、办班培训等方式，培养产业急需的技术、管理和营销人才；采取柔性人才引进策略，采用咨询、短期聘用、技术承包、合作研究、人才租赁等方式灵活引进人才，尤其吸引既懂循环经济技术又通经营管理的复合型人才，为产业共生发展模式的探索提供智力支持。

第六节 培育产业共生主体意识

一 树立正确的产业共生发展观

发展循环经济的非正式制度建设的目标，主要是建立符合可持续发展的原则、有利于循环经济发展的人类社会的发展观、自然观、价值观、伦理观以及由这些社会观念意识决定的风俗习惯。建立正确的发展观，首先，需要全面正确地理解发展的含义，提高对统筹经济发展与资源环境的关系重要性的认识。建立可持续发展的自然观，就要强调人与自然的统一，人的行为与自然的协调，道德理性与自然理性的一致，从而实现自然界与人的和谐共存。其次，应该调动公众参与环保事业建设的主动性和积极性。由于公众往往是环境污染的直接接触者和受害者，它们对环境污染有着更为深切的感受。

二 发展产业共生循环经济社会组织

产业共生是一种循环经济增长方式，使之道德化只能起到有限的作用，而且过度强调政府在产业共生中的作用不利于市场经济的正常运转。产业共生由于其外部经济，政府应大力支持，但真正推进产业共生的应该是社会组织，例如，日本目前有 35 个国家级规模的循环经济促进组织，这些组织整合社会方方面面的力量，与政府结成伙伴关系，极大地降低了建设循环经济社会的成本。

三 重视产业共生宣传教育

发展产业共生不仅需要政府的倡导和企业的自律，更需要广大社会公众的参与。应该重视产业共生的宣传教育，让公众身体力行进行绿色消费。国际上对绿色的理解通常包括生命、节能、环保三个方面。绿色消费主要有两层含义：一是倡导消费者在消费时选择未被污染或有助于公众健康的产品；二是在消费中注重对垃圾的处置，减少垃圾产生量，不造成环境污染。公民的绿色消费意识可由政府通过各种宣传媒体或者基础教育加以引导和强化。加大相关知识宣传，鼓励公众和中介组织机构的参与。

第九章　思考与展望

第一节　总结思考

实践证明，要实现园区的可持续发展必须走生态化道路，最重要的途径是形成产业共生网络。然而，产业共生的理念还没有在我国园区建设过程中得到广泛的重视和推广，真正把园区建成共生园区的还为数不多；多数园区的组织结构均明显地表现为对核心大企业的高度依赖，而中小企业的发育相对不完善。加之，地方政府处于政绩考虑，没有过多的考虑企业之间的战略性合作所带来的更加持续稳定的经济效益，往往在资源、政策上给予大企业更多地倾斜，加大了中小企业发展的难度。共生网络本身的形成也受到很多限制，在实际运作过程中并非所有的废弃物都能得到有效的利用；共生企业的机会主义行为以及市场和非市场环境的不确定性对网络的稳定性也会产生一定的影响。具体得到以下三点结论和启示。

第一，我国循环经济园区的产业共生模式还不完善。主要体现在以下方面，一是多数循环经济园区产业共生模式多以政府为主导，市场化程度低。在循环经济园区的建设规划中，政府直接参与园区的定位、基础设施建设、产业链规划以及产业链的招商补链。二是循环经济园区企业以中、小型企业居多，产业链条短，且大多数产业居于产业链底端，网络化程度低。三是循环经济园区主要是消耗生产的副产品和废弃物，基本上都是企业内的小循环，没有完全实现整个园区的中循环，横向企业之间循环联系不强，循环化程度低。采取小循环生产方式处理废弃物或副产品，一旦上游企业或生产环节出现问题，会对下游企业产生显著影响，下游企业的生产和发展独立性太弱。

第二，园区共生产业链延伸长度并非可无限扩展，产业链过长或生态网络过于复杂可能提高园区运行稳定性的失衡风险。因此，要关注园区的横向耦合和生态网络的动态可适应性，以促进整个园区经济社会系统的协调运行和良性循环。由于企业数目和类型的限制，园区的产业共生网络具有一定刚性，通过和区外企业的技术经济合作，可以建立内涵更丰富、结构更稳定的网络，形成开放、动态的产业联盟，推动共生的多样化和规模化，提高共生网络的柔性，并营造良好的外部共生环境。

第三，共生评价的最终目的是要改善园区的经济发展方式，提高其核心竞争力。该指标体系可以为因地制宜地制定相应的循环经济政策提供科学的参考依据。从方法上，构建的权重体系及指标分级标准是适用的，为今后该领域的深入研究提供了一个可供参照的雏型。产业共生循环经济评价指标体系是一项较少研究的领域，所涉及的问题比较复杂和困难，其构建是一个动态过程，指标体系的科学性、实用性和可操作性尚需实践的检验，随着对产业共生理论应用研究的不断深入以及园区循环经济的实践，指标体系将得到不断完善与修正。

第二节　未来展望

未来相关研究工作主要表现在以下三个方面。

第一，由于循环经济园区企业较多，副产品和废物排放量大，生产过程复杂，设计的链条可能过短或在效率方面可能偏低，在今后的研究中仍要深入逐步延长产业链，完善产业共生网状结构，使之更加稳定。在延长方法上，要重点放在加强循环经济产业共生技术的应用和设备的改造提升上，以先进适用的环保技术和设备改造提高资源利用效率，减少废物排放、降低能源消耗程度。

第二，近些年来，循环经济园区产业共生水平持续提升，且有些指标改善明显。但总体看，目前循环经济园区产业共生评价指标体系比较宏观，指导意义不全面。我国尚缺乏专门针对某一行业、某一领域的专门性评价指标体系，仍有改善和提高的空间，而这也恰是产业共生水平提升的潜力和关键所在，是挖潜着力点。因此，在循环经济园区发展过程中，针对园区企业特色和产业聚集情况，进一步完善一个行业或者一个领域的园区循环经济评价指标体系是进一步研究的重要内容。此外，循环经济园区产业共生评价指标体系的建立及综合评价，是一个比较复杂和困难的问题，同时，国内外相关研究也较少，这都需要在以后的工作中继续完善，以构建科学合理的基于产业共生的循环经济评价指标体系。

第三，未来产业共生关注的对象应从园区层面拓展到城市层面，通过城市共生来开发"城市矿山"中蕴含丰富的资源，实现物质从"生产领域－消费领域－生产领域"的闭环流动，促进循环型社会与生态文明型城市建设的发展。

参考文献

著作：

马歆、郭福利主编《循环经济理论与实践》，中国经济出版社，2018。

黄小勇：《民族地区共生发展的理论与实证研究》，经济管理出版社，2018。

李伟：《我国循环经济发展模式研究》，中国经济出版社，2017。

李金惠：《循环经济发展脉络》，中国环境出版社，2017。

张苏卉：《艺术、生态与城市的共生》，上海人民出版社，2017。

闫敏：《循环经济国际比较研究》，吉林出版集团有限责任公司，2016。

朱其忠：《企业共生模式的区域演化及机制设计研究》，云南大学出版社，2015。

张广兴、刘涛：《临港产业与腹地产业的演进共生模式探索与路径选择》，河北人民出版社，2015。

温宗国：《城市循环经济发展　系统方法、共性技术与应用实践》，中国环境科学出版社，2015。

焦雯珺、闵庆文主编《浙江青田稻鱼共生系统》，中国农业出版社，2015。

徐杰：《共生经济学》，中共中央党校出版社，2014。

张晓盈：《基于循环经济的产业集群发展模式研究》，经济管理出版社，2014。

王少枋、李贤：《循环经济理论与实务》，中国经济出版社，2014。

孙广生：《循环经济的运行机制与发展战略——基于产业链视角的分析》，中国经济出版社，2013。

冯之浚：《循环经济与绿色发展》，浙江教育出版社，2013。

肖华茂：《基于循环经济的区域生态化发展模式研究》，电子科技大学出版社，2013。

孙佑海、李丹、杨朝霞：《循环经济法律保障机制研究》，中国法制出版社，2013。

中国科学院可持续发展战略研究组：《2012 中国可持续发展战略报告》，科学出版社，2012。

齐宇：《循环经济产业共生网络研究》，南开大学出版社，2012。

史宝娟、阚连合、闫军印：《区域循环经济系统评价及优化》，冶金工业出版社，2012。

王少平、凌岚：《产业共生网络的结构特征研究》，同济大学出版社，2012。

孔令丞：《循环经济的合作模式与推进效果》，复旦大学出版社，2012。

张智光等：《绿色共生模式的运作》，中国环境科学出版社，2011。

杨雪峰、王军：《循环经济学理基础与促进机制》，化学工业出版社，2011。

徐玖平等：《循环经济系统论》，高等教育出版社，2011。

杨雪锋：《循环经济：学理基础与促进机制》，化学工业出版社，2011。

尚杰：《东北老工业基地循环经济发展模式研究》，人民出版社，2010。

尹建华：《产业层面发展循环经济的理论与实践》，中国社会科学出版社，2010。

朱其忠、刘维兰：《中小企业的共生演化模式研究》，合肥工业大学出版社，2010。

慈福义：《城市与区域循环经济发展研究》，中国经济出版社，2010。

苗泽华：《基于循环经济的工业企业生态工程及其决策评价研究》，经济科学出版社，2010。

陈妍、李保国等：《资源与环境系统分析》，北京师范大学出版社，2009。

〔美〕尼斯、斯威尼：《自然资源与能源经济学手册》，李晓西等译，北京出版社，2009。

黄贤金：《循环经济学》，东南大学出版社，2009。

薛耀文等：《循环经济理论与实践研究》，中国科学技术出版社，2009。

牛桂敏：《循环经济发展模式与预测》，天津社会科学院出版社，2008。

郭莉：《工业共生进化及其技术动因研究》，经济科学出版社，2008。

魏彦杰：《基于生态经济价值的可持续经济发展》，经济科学出版社，2008。

席旭东：《矿区生态工业共生模式与发展演变研究》，煤炭工业出版社，2008。

王书华：《区域生态经济——理论、方法与实践》，中国发展出版社，2008。

王军锋：《循环经济与物质经济代谢分析》，中国环境科学出版社，2008。

刘学敏、金建君、李永涛：《资源经济学》，高等教育出版社，2008。

徐玖平、胡知能、黄钢、刘英：《循环经济系统规划理论与方法及实践》，科学出版社，2008。

孙佑海：《中国循环经济法论》，科学出版社，2008。

李云燕：《循环经济运行机制——市场机制与政府行为》，科学出版社，2008。

李赶顺、王文中：《循环经济运行机理的数理分析》，中国环境科学出版社，2008。

付晓东：《循环经济与区域经济》，经济日报出版社，2007。

王兆华：《循环经济：区域产业共生网络——生态产业园发展的理论和实践》，经济科学出版社，2007。

樊万选、徐跃峰编著《河南省循环经济建设实践与探索》，中国广播电视出版社，2007。

黄海峰、刘京辉等编著《德国循环经济研究》，科学出版社，2007。

王军：《循环经济的理论与研究方法》，经济日报出版社，2007。

孙承咏、周果博：《制度创新与循环经济》，经济日报出版社，2007。

闫敏：《循环经济国际比较研究》，新华出版社，2006。

黄贤金等：《区域循环经济发展评价》，社会科学文献出版社，2006。

叶堂林：《农业循环经济模式与途径》，新华出版社，2006。

聂华林、高新才、杨建国：《发展生态经济学导论》，中国社会科学出版社，2006。

陈德敏：《资源循环利用论》，新华出版社，2006。

戴备军等编著《循环经济实用案例》，中国环境科学出版社，2006。

齐建国、尤完、杨涛：《现代循环经济理论与运行机制》，新华出版社，2006。

许芳：《企业共生论和谐社会理念下的企业生态机理及生态战略研究》，中国财政经济出版社，2006。

格雷琴·C. 戴利、凯瑟琳·艾利森：《新生态经济——使环境保护有利可图的探索》，郑晓光，刘晓生译，上海科技教育出版社，2005。

张扬等：《循环经济概论》，湖南人民出版社，2005。

孙国强：《循环经济的新范式》，清华大学出版社，2005。

罗宏、孟伟、冉圣宏：《生态工业园：理论与实证》，化学工业出版社，2004。

国家环境保护总局科技标准司：《循环经济和生态工业规划汇编》，化学工业出版社，2004。

王明远：《清洁生产法》，清华大学出版社，2004。

于秀娟：《工业与生态》，化学工业出版社，2003。

袁纯清：《共生理论——兼论小型经济》，经济科学出版社，1998。

巴里·康芒纳:《封闭的循环——自然、人和技术》,吉林人民出版社,1997。

赵志模、郭依泉:《群落生态学原理与方法》,科学技术文献出版社重庆分社,1990。

迟维韵:《生态经济理论与方法》,中国环境科学出版社,1990。

张连国:《广义循环经济学的科学范式》,人民出版社,2007。

毛如柏:《论循环经济》,经济科学出版社,2003。

钱易、唐孝炎:《环境保护与可持续发展》,高等教育出版社,2000。

硕博学位论文:

吕敬文:《钢铁产业共生网络的铁/碳代谢研究》,兰州大学硕士学位论文,2019。

高宇:《永城经开区产业共生环境效益评估》,郑州大学硕士学位论文,2019。

肖航:《循环经济发展效率的测度及其影响因素研究》,东北财经大学硕士学位论文,2018。

邓英杰:《曹妃甸区产业生态共生模式及运行机制研究》,华北理工大学硕士学位论文,2018。

袁冠楠:《基于产业共生的贵州养生旅游产业发展模式研究》,贵州财经大学硕士学位论文,2018。

韩峰:《生态工业园区工业代谢及共生网络结构解析》,山东大学硕士学位论文,2017。

梁洋洋:《临港产业共生系统的形成与演进机制研究》,华北理工大学硕士学位论文,2017。

王静:《循环经济:"自上而下"还是"自下而上"》,兰州大学博士学位论文,2017。

王冲:《基于循环经济的邯郸市产业共生模式研究》,华北理工大学硕士学位论文，2016。

陆萍：《循环农业发展：模式、影响因素与效率评价》，浙江大学博士
　　学位论文，2016。

朱柯润：《高效生态畜牧农业循环经济模式探讨》，苏州大学硕士学位
　　论文，2016。

郑伟：《承德金隅循环经济产业园区发展战略研究》，燕山大学硕士学
　　位论文，2016。

刘露：《上杭循环经济园区项目发展策略研究》，华侨大学硕士学位论
　　文，2016。

郭坤：《产业园区循环经济发展效果评价与对策研究》，天津大学博士
　　学位论文，2015。

于斐：《工业园区产业共生发展模式驱动力和环境绩效评价》，山东大
　　学博士学位论文，2015。

谢巍：《工业废弃物循环利用网络运行机理研究》，江西财经大学硕士
　　学位论文，2015。

占义红：《基于循环经济模式的产业融合发展研究》，武汉工程大学硕
　　士学位论文，2015。

付丽娜：《工业园的生态化转型及生态效率研究》，中南大学博士学位
　　论文，2014。

罗恩华：《园区循环化改造的基本路径设计》，清华大学硕士学位论
　　文，2014。

俞金香：《我国区域循环经济发展问题研究》，兰州大学博士学位论
　　文，2014。

高挺：《基于物质流分析的河北省循环经济发展评价研究》，河北大学
　　硕士学位论文，2014。

王林珠：《煤炭企业循环经济发展力评价研究》，中国地质大学博士学
　　位论文，2013。

吴文瀚：《水泥企业循环经济评价指标体系研究》，兰州大学硕士学位论文，2013。

李亚军：《煤电化工业园区循环经济规划研究》，西安建筑科技大学硕士学位论文，2013。

李佳：《我国循环经济发展现状研究》，武汉理工大学硕士学位论文，2013。

孔令明：《泰安市农业循环经济发展模式研究》，山东农业大学硕士学位论文，2013。

王建花：《农业循环经济发展模式研究》，福建农林大学博士学位论文，2013。

李峰：《我国中部农业循环经济发展战略研究》，武汉大学博士学位论文，2013。

李勇：《复杂网络视角下的生态产业共生网络成长机制研究》，天津理工大学硕士学位论文，2012。

王元亮：《基于产业共生的园区循环经济发展模式研究——以白银高新技术产业开发区为例》，兰州大学硕士学位论文，2012。

刘旌：《循环经济发展研究》，天津大学博士学位论文，2012。

赵昊铭：《区域工业循环经济发展研究》，湖南工业大学硕士学位论文，2012。

王红征：《中国循环经济的运行机理与发展模式研究》，河南大学博士学位论文，2012。

李鹏梅：《我国工业生态化路径研究》，南开大学博士学位论文，2012。

闫倩倩：《循环经济下我国西部农村环境保护探究》，长安大学硕士学位论文，2012。

刘毅：《区域循环经济发展模式评价及其路径演进研究——以天津滨海新区为例》，天津大学博士学位论文，2011。

李小鹏：《生态工业园产业共生网络稳定性及生态效率评价研究》，天津大学博士学位论文，2011。

王茂祯：《循环经济创新研究》，上海大学博士学位论文，2011。

王乐：《区域循环经济的发展模式研究》，大连理工大学博士学位论文，2011。

柴玲玲：《广东省农业循环经济发展评价研究》，中国农业科学院硕士学位论文，2010。

黄国亮：《长株潭城市群发展循环经济对策研究》，中南大学博士学位论文，2010。

吴燕燕：《欠发达地区循环经济发展障碍及对策研究》，浙江师范大学硕士学位论文，2010。

冯琳：《中国西部干旱区工业循环经济建设研究》，新疆大学博士学位论文，2010。

任蓉：《山西焦化行业循环经济评价指标体系研究》，太原理工大学硕士学位论文，2010。

魏百刚：《都市循环经济农业影响因素研究》，华中农业大学博士学位论文，2010。

刘贵清：《循环经济的多维理论研究》，青岛大学博士学位论文，2010。

胡旺阳：《区域循环经济评价指标体系研究》，东北大学博士学位论文，2010。

王晓冬：《国外循环经济发展经验——一种制度经济学的分析》，吉林大学博士学位论文，2010。

李丽丽：《新疆准东地区煤电煤化工产业发展循环经济的研究》，新疆师范大学硕士学位论文，2010。

沈铁冬：《中国循环经济发展模式及配套措施研究》，辽宁大学博士学位论文，2010。

刘玉琴：《南平市农业循环经济发展策略研究》，中国农业科学院硕士学位论文，2010。

程会强：《生态工业园的工业共生机理研究》，北京工业大学博士学位论文，2009。

高丽丽：《循环经济与我国可持续发展问题研究》，首都师范大学硕士学位论文，2009。

张永成：《基于循环经济的甘蔗制糖生态产业链优化研究》，西南交通大学博士学位论文，2009。

聂帅：《产业园区循环经济发展模式的实证研究——以山东省发展循环经济试点园区为例》，山东师范大学硕士学位论文，2009。

刘庆广：《甘肃省循环经济发展模式研究》，兰州大学博士学位论文，2007。

路琨：《面向工业园区的循环经济理论与方法研究》，天津大学博士学位论文，2007。

袁兰静：《循环经济综合评价体系研究》，天津大学硕士学位论文，2007。

文娜：《循环经济在中国西部中小城市发展过程中的模式研究》，吉林大学硕士学位论文，2007。

黎雪林：《我国循环经济的系统分析、评价与管理研究》，暨南大学博士学位论文，2007。

晏永刚：《重庆市循环经济测度指标体系与评价方法研究》，重庆大学硕士学位论文，2007。

赵伟：《我国城市循环经济发展评价研究》，哈尔滨工程大学硕士学位论文，2007。

李昕：《区域循环经济理论基础和发展实践研究》，吉林大学博士学位论文，2007。

云虹：《西部发展循环经济的制度障碍及创新》，西北大学硕士学位论文，2007。

张艳：《生态工业园工业共生系统的构建与稳定性研究》，华中科技大学博士学位论文，2006。

陈丽娜：《区域循环经济的理论研究与实证分析》，武汉理工大学博士学位论文，2006。

何云：《浙江省循环经济发展评价体系研究》，浙江工业大学硕士学位论文，2006。

马世忠：《循环经济指标体系与支撑体系研究》，中国海洋大学博士学位论文，2006。

王芳：《西部循环型农业发展的理论分析与实证研究》，华中农业大学博士学位论文，2006。

贺丹：《区域循环经济发展的评价体系构建与政策研究》，武汉理工大学硕士学位论文，2006。

毕伟：《循环经济理论、实践及其综合评价体系研究》，天津大学硕士学位论文，2006。

李闯：《循环经济与我国西部可持续开发的路径选择》，广西师范大学硕士学位论文，2006。

姜国刚：《东北地区循环经济发展研究》，东北林业大学博士学位论文，2006。

童亚丽：《循环经济评价指标体系的构建与分析》，厦门大学硕士学位论文，2006。

徐谨：《区域循环经济发展的激励机制及 ANP 评价研究》，天津大学硕士学位论文，2005。

吴春梅：《循环经济发展模式研究及评价体系探讨》，山东科技大学硕士学位论文，2005。

郭莉：《工业共生进化及其技术动因研究》，大连理工大学博士学位论文，2005。

郭彬：《循环经济评价和激励机制设计》，天津大学硕士学位论文，2005。

杜昱：《生态工业共生体稳定性研究》，东北农业大学硕士学位论文，2003。

初丽霞：《循环经济发展模式及其政策措施研究》，山东师范大学硕士学位论文，2003。

王兆华：《生态工业园工业共生网络研究》，大连理工大学博士学位论文，2002。

段莎莎：《化工园区产业共生系统环境绩效评价研究》，大连理工大学硕士学位论文，2017。

程潇君：《生态工业园区基于 DPSIR 的可持续发展水平及共生链网稳定性研究》，合肥工业大学硕士学位论文，2014。

逯承鹏：《产业共生系统演化与共生效应研究》，兰州大学博士学位论文，2013。

王国弘：《生态工业园中生态产业链的稳定性研究》，天津大学博士学位论文，2010。

佘波：《产业共生体的生成机理与实证研究》，上海社会科学院硕士学位论文，2006。

期刊论文：

刘朋虎等：《山区"三生"耦合茶园模式构建研究》，《中国生态农业学报》2019 年第 5 期。

熊颖：《南县"稻虾共生"产业模式存在的问题及对策》，《农村经济与科技》2019 年第 7 期。

孟方琳等：《VC 和 PE 产业链的共生模式及路径选择研究》，《复旦学报》（自然科学版）2018 年第 6 期。

张新芝等：《产业与城镇共生驱动产城融合的内在机理研究》，《南昌大学学报》（人文社会科学版）2018 年第 4 期。

鲁圣鹏、李雪芹、刘光富：《生态工业园区产业共生网络形成影响因素实证研究》，《科技管理研究》2018 年第 8 期。

李存霞：《循环经济模式在生态农业建设中的应用研究》，《经济师》

2018 年第 12 期。

张其春：《产业共生网络脆弱性研究述评与展望》，《太原理工大学学报》（社会科学版）2018 年第 2 期。

刘兵、曾建丽、梁林：《雄安新区城乡对称性互惠共生模式构建及对策研究》，《河北工业大学学报》（社会科学版）2018 第 3 期。

薛伟贤、郑玉雯、王迪：《基于循环经济的我国西部地区生态工业园区优化设计研究》，《中国软科学》2018 年第 6 期。

何劲、熊学萍、祁春节：《家庭农场产业链主体共生关系：生成机理、影响因素及优化路径选择》，《农村经济》2018 年第 10 期。

乔琦、孟立红：《循环经济行业 2017 年发展综述》，《中国环保产业》2018 年第 12 期。

陈薇、杨帆：《基于共生理论的威县农业循环经济产业链主体行为分析》，《农业经济》2018 年第 8 期。

石磊：《探索工业园区生态化转型之路》，《环境经济》2018 年第 13 期。

吴敏，张智惠：《"田园综合体"共生发展模式研究》，《合肥工业大学学报》（社会科学版）2017 年第 6 期。

李南、梁洋洋：《临港产业共生的国际经验及启示》，《经济研究参考》2017 年第 25 期。

史宝娟、郑祖婷：《京津冀生态产业链共生耦合机制构建研究》，《现代财经》（天津财经大学学报）2017 年第 11 期。

王新哲、陈田：《广西边境民族地区城镇合作与共生发展研究》，《西南民族大学学报》（人文社科版）2017 年第 1 期。

关新宇、陈英葵：《中国生态工业园区评价指标体系研究述评》，《工业经济论坛》2017 年第 5 期。

孙畅：《产业共生视角下产业结构升级的空间效应分析》，《宏观经济研究》2017 年第 7 期。

盛彦文、马延吉：《循环农业生态产业链构建研究进展与展望》，《环境科学与技术》2017 年第 1 期。

孙根紧、钟秋波、郭凌：《我国生态友好型农业发展水平区域差异分析》，《山东社会科学》2017 年第 1 期。

艾良友、邱俊珲、傅志强：《基于循环经济的产业共生耦合模式探究》，《江南大学学报》（人文社会科学版）2016 年第 1 期。

赵秋叶、施晓清、石磊：《国内外产业共生网络研究比较述评》，《生态学报》2016 年第 22 期。

李梦娇：《基于共生理论视角的产业集群生态化研究》，《现代商业》2016 年第 11 期。

闫二旺、田越：《中国特色生态工业园区的循环经济发展路径》，《经济研究参考》2016 年第 39 期。

吴琼、王发明：《矿区产业共生系统的稳定性——基于 logistic 模型的分析》，《山东工商学院学报》2016 年第 1 期。

唐静：《基于产业共生理论的电子废弃物资源化共生网络构建研究》，《中国国际财经》2016 年第 24 期。

朱品文：《我国绿色循环农业经济发展规模特征、效率评价及优化路径研究》，《农业经济》2016 年第 4 期。

范瑾：《湖北省农业循环经济发展评价及其障碍因素分析》，《湖北农业科学》2016 年第 2 期。

杜华章、钱宏兵：《江苏省农业循环经济发展综合评价与障碍因素分析》，《农业经济与管理》2016 年第 6 期。

关劲秋、李玉红、耿希峰：《生态产业链共生网络理论国外研究综述》，《佳木斯大学社会科学学报》2016 第 2 期。

陈运平、黄小勇：《泛县域经济产城融合共生：演化逻辑、理论解构与产业路径》，《宏观经济研究》2016 年第 4 期。

苗泽华、陈永辉：《京津冀区域复合生态系统的共生机制》，《河北大学学报》（哲学社会科学版）2016 年第 5 期。

王鹏、王艳艳：《产业共生网络的结构特征演化图谱及稳定性分析——以上海市莘庄生态产业园为例》，《上海经济研究》2016 年第 1 期。

邵小慧等：《基于共生理论的琼台两地休闲农业合作研究》，《热带农业科学》2016 年第 1 期。

寇光涛、卢凤君、王文海：《新常态下农业产业链整合的路径模式与共生机制》，《现代经济探讨》2016 年第 9 期。

汪焰：《基于循环经济视角的浙江省农业产业结构调整问题研究》，《中国农业资源与区划》2016 年第 9 期。

温进涵等：《农业区域经济发展新模式探析》，《商场现代化》2016 年第 23 期。

张富强、李凡：《循环经济视角下高效生态农业的形成机理、模式选择与政府管理研究》，《农业经济》2016 年第 5 期。

王海刚等：《西部地区传统产业生态化发展研究综述》，《生态经济》2016 年第 5 期。

洪爱梅：《江苏省海陆产业系统协同共生发展研究》，《科技与管理》2016 年第 2 期。

周晓瑞：《基于可持续发展视角的农业循环经济研究——以河南为例》，《中国农业资源与区划》2016 年第 6 期。

王火根、翟宏毅：《农业循环经济的研究综述与展望》，《华中农业大学学报》（社会科学版）2016 年第 4 期。

崔艺凡等：《浙江省生态循环农业发展实践与启示》，《中国农业资源与区划》2016 年第 7 期。

王元亮：《生态工业园区共生评价指标体系的构建》，《安阳师范学院学报》2015 年第 2 期。

刘晶茹等：《农工共生型生态产业园的构建——以郑州经开区为例》，《生态学报》2015 年第 14 期。

周慧玲、许春晓：《红色旅游企业共生图谱及其形成机理研究》，《湖南大学学报》（社会科学版）2015 年第 1 期。

王元亮：《基于循环经济的工业园区共生网络形成机理》，《南阳师范学院学报》2015 年第 5 期。

邹细霞、陈海旭、樊云龙：《国内循环经济载体研究综述》，《再生资源与循环经济》2015 年第 12 期。

蔡绍洪、钱怡帆、陆阳：《西部生态脆弱区发展循环经济及面临的问题研究》，《开发研究》2015 年第 5 期。

许兰菊：《我国农业循环经济发展的现实困境与路径选择》，《改革与战略》2015 年第 12 期。

王春辉、窦学诚：《面向循环经济的农业工厂化模式——基于企业层级的分析》，《中国农业科技导报》2015 年第 6 期。

丁金胜：《循环经济主导型农业生态园的规划设计研究》，《中国农业资源与区划》2015 年第 4 期。

刘佳奇：《日本农业循环经济的发展及启示》，《农业经济问题》2015 年第 8 期。

郭坤、徐爱好、张再生：《发达国家循环经济发展的实践及借鉴》，《宏观经济管理》2015 年第 5 期。

苗泽华、彭靖、苗泽伟：《德日美英等发达国家循环经济模式的比较研究与启示》，《石家庄经济学院学报》2015 年第 3 期。

史宝娟、郑祖婷：《京津冀产业生态共生三维立体循环模式》，《河北联合大学学报》（社会科学版）2015 年第 3 期。

许新宇、王菲凤：《环境生态视角下的产业共生理论与实践研究进展》，《环境科学与管理》2015 年第 12 期。

黄小勇、陈运平、肖征山：《区域经济共生发展理论及实证研究——以中部地区为例》，《江西社会科学》2015 年第 12 期。

林云莲：《山东半岛蓝色经济区产业共生系统研究》，《科学管理研究》2015 年第 1 期。

连远强：《产业链耦合视角下创新联盟的共生演化问题研究》，《科学管理研究》2015 年第 5 期。

于欢、张三峰：《产业共生中企业合作的博弈分析》，《西安财经学院学报》2015 年第 4 期。

柯宇晨、曾镜霏、陈玉娇：《共生理论发展研究与方法论评述》，《市场论坛》2014 年第 5 期。

刘光富、鲁圣鹏、李雪芹：《产业共生研究综述：废弃物资源化协同处理视角》，《管理评论》2014 年第 5 期。

唐玲、孙晓峰、李键：《生态工业园区共生网络的结构分析：以天津泰达为例》，《中国人口·资源与环境》2014 年第 S2 期。

刘松先：《港口群、产业群与城市群共生系统演化与培育》，《厦门理工学院学报》2014 年第 2 期。

谭林、魏玮、郝威亚：《基于共生视角的循环经济园区产业发展模式探析——以新疆 X 循环经济工业园区为例》，《新疆大学学报》（哲学·人文社会科学版）2014 年第 3 期。

陈有真、段龙龙：《产业生态与产业共生——产业可持续发展的新路径》，《理论视野》2014 年第 2 期。

李湘梅等：《生态工业园共生网络的脆弱性》，《生态学报》2014 年第 16 期。

侯金燕、于志伟：《煤电产业一体化共生模式演进机制研究》，《山东工商学院学报》2014 年第 4 期。

苑清敏、杨蕊：《我国海洋产业与陆域产业协同共生分析》，《海洋环境科学》2014 年第 2 期。

李南、刘嘉娜：《临港产业共生的理论溯源与经验证明》，《环渤海经济瞭望》2014 年第 11 期。

张再生、郭坤，李亚男：《加快我国循环经济发展的建议》，《宏观经济管理》2014 年第 11 期。

陆静超、马放：《我国农业循环经济发展研究》，《北方论丛》2014 年第 5 期。

武光太：《我国农业循环经济法律制度存在的问题及完善》，《农业经济》2014 年第 8 期。

林子塔：《发展农业循环经济实现农村可持续发展的对策研究》，《农业经济》2014 年第 6 期。

郭坤、张再生：《经济开发区循环经济发展绩效评价》，《经济论坛》2014 年第 11 期。

吴飞美、沈佳丽：《循环经济发展中市场失灵与优化政府调控路径研究》，《东南学术》2014 年第 1 期。

李胜梅：《农业循环经济发展模式》，《农业工程》2014 年第 1 期。

毛晓丹、冯中朝：《基于聚类分析的农业循环经济分区模式选择研究——以湖北省为例》，《农业现代化研究》2014 年第 4 期。

李剑玲：《中国循环经济管理机制创新研究》，《改革与战略》2014 年第 12 期。

李南、王旭辉、韩国玥：《产业共生理论综述及在临港产业的应用前景》，《水运管理》2014 年第 3 期。

李书学：《基于共生理论的产业链稳定性研究——以我国路桥产业为例》，《江西社会科学》2013 年第 10 期。

陈涛：《物流产业集群共生发展影响因素实证研究》，《物流技术》2013 年第 7 期。

郝珍珍、李健：《区域工业共生网络研究进展及述评》，《科技和产业》2013 年第 3 期。

李锋、沈文星：《基于循环经济的黄山市化工园区生态产业链共生模式选择》，《南京林业大学学报》（自然科学版）2013 年第 3 期。

查明珠、石英、侯满平：《基于共生视角的农业产业链发展模式研究》，《农村经济与科技》2013 年第 9 期。

俞金香：《西部区域循环经济制度体系的建构》，《宁夏大学学报》（人文社会科学版）2013 年第 1 期。

王曙光等：《生态工业园区产业共生效率的量化评价》，《工业技术经济》2013 年第 6 期。

刘国山等：《生态产业共生网络均衡模型》，《北京科技大学学报》2013 年第 9 期。

李英、关劲秋、李玉红：《生态产业链共生网络理论国内研究综述——兼论林产工业生态产业链共生网络》，《林业经济问题》2013 年第 6 期。

刘三林：《产业群互利共生成长的理论框架》，《理论月刊》2013 年第 2 期。

殷向晖、田小燕：《产业链共生模式初探——以杜邦莱卡为例》，《企业管理》2013 年第 6 期。

毛晓丹、冯中朝：《湖北省农业循环经济发展水平评价及障碍因素诊断》，《农业现代化研究》2013 年第 5 期。

刘素姣：《当前我国循环经济发展存在的问题及对策研究》，《生态经济》2013 年第 9 期。

闫晓洁等：《包头市循环经济产业园区集约化发展模式探讨》，《环境卫生工程》2012 年第 1 期。

李舟：《广西桑蚕产业共生循环经济模式研究》，《沿海企业与科技》2012 年第 1 期。

吴国振、张晓春、王兴峰：《基于循环经济的园区产业集成与创新》，《甘肃冶金》2012 年第 7 期。

石磊、刘果果、郭思平：《中国产业共生发展模式的国际比较及对策》，《生态学报》2012 年第 12 期。

李鹏、张俊飚：《农业生产废弃物循环利用的产业联动绩效及影响因素的实证研究——以废弃物基质化产业为例》，《中国农村经济》

2012 年第 11 期。

王国印：《论循环经济的本质与政策启示》，《中国软科学》2012 年第
　　1 期。

翁梅，王甲甲：《基于主成分分析的河南省农业循环经济发展评价研
　　究》，《河南农业大学学报》2012 年第 2 期。

陈晓红、傅滔涛、曹裕：《企业循环经济评价体系——以某大型冶炼
　　企业为例》，《科研管理》2012 年第 1 期。

谢园园、傅泽强：《循环经济评价研究进展述评》《环境工程技术学报》
　　2012 年第 5 期。

苗泽华、彭靖：《工业企业生态系统及其共生机制研究》，《生态经
　　济》2012 年第 7 期。

谌飞龙：《产业集群"大共生"治理的形成逻辑及运用框架》，《吉首
　　大学学报》（社会科学版）2012 年第 1 期。

左晓利、李慧明：《生态工业园理论研究与实践模式》，《科技进步与
　　对策》2012 年第 7 期。

尚建壮、李春莲：《我国纯碱生产循环经济模式探讨》，《化学工业》
　　2012 年第 1 期。

黄冰：《欠发达地区区域生态产业链共生网络构建》，《商业时代》
　　2012 年第 3 期。

段学慧：《经济利益驱动机制：循环经济发展的根本动力——基于马
　　克思主义利益观的分析》，《现代财经》2012 年第 9 期。

刘玫、付允：《产业园区循环经济标准体系框架研究》，《标准科学》
　　2011 年第 5 期。

王建明、胡佳丽、陈红喜：《化工园区循环经济价值网构建研究——
　　以南京化工园为例》，《科技进步与对策》2011 年第 8 期。

马丁丑、王文略：《甘肃农业循环经济发展综合评价和制约因素诊断
　　及对策》，《农业现代化研究》2011 年第 2 期。

那伟、祝延立：《吉林省农业循环经济发展评价及优化对策研究》，《农业现代化研究》2011 年第 2 期。

郭德明、刘金爱：《关于农业循环经济模式及发展——以山东省为例》，《东岳论丛》2011 年第 3 期。

张泽峰：《重化工业园区循环经济评价指标体系构建初探》，《河北师范大学学报》（哲学社会科学版）2011 年第 4 期。

马晓燕：《我国化工园区循环经济发展路径探讨——以重庆长寿化工园区为例》，《生态经济》2011 年第 1 期。

杨忠直、孙皓辰：《循环经济产业链形成的价值规律和政府角色》，《生态经济》2011 年第 8 期。

王邦娟、杨永忠：《软件产业共生系统评价指标体系研究》，《东方企业化》2010 年第 1 期。

杨洁、范本荣：《山东省农业龙头企业循环经济发展研究》，《山东农业科学》2010 年第 11 期。

齐建国：《发展工农业符合循环经济 抢占经济和社会制高点》，《再生资源与循环经济》2010 年第 10 期。

陈勇：《关于循环经济认识论基础的探讨》，《软科学》2010 年第 1 期。

郑学敏、付立新：《农业循环经济发展研究》，《经济问题》2010 年第 3 期。

许乃中等：《工业园区循环经济绩效评价方法研究》，《中国人口·资源与环境》2010 年第 3 期。

黎桦：《〈循环经济促进法〉对我国生态产业园区建设的影响》，《武汉大学学报》（哲学社会科学版）2010 年第 4 期。

贾春雨：《清洁生产、循环经济与可持续发展》，《北方环境》2010 年第 4 期。

潘春跃：《企业循环经济系统与模式研究》，《统计与决策》2010 年第 8 期。

李春花等：《资源枯竭型城市工业固体废弃物回收利用体系建设——以白银市为例》，《再生资源与循环经济》2010 年第 6 期。

杨玲丽：《工业共生中的政府作用——以贵港生态工业园为案例》，《技术经济与管理研究》2010 年第 6 期。

国忠金、马晓燕、张卫：《资源、环境约束下内生创新性经济增长模型》，《山东大学学报》（理学版）2010 年第 12 期。

沈鸿、赵永乐、张晨雨：《西部地区循环经济评价指标体系及实证研究》，《工业技术经济》2010 年第 1 期。

李健等：《天津滨海新区产业循环经济发展模式研究》，《现代管理学》2009 年第 7 期。

张秀娥、何山：《产业集聚与产业园区建设的链式共生模式》，《科技进步与对策》2009 年第 23 期。

涂文明：《经济发展与环境保护平衡视野下我国循环经济发展的路径》，《统计与决策》2009 年第 17 期。

林子塔：《发展农业循环经济实现农村可持续发展的对策研究》，《农业经济》2009 年第 6 期。

王志中：《关于扶持再生资源回收产业发展的若干建议》，《再生资源与循环经济》2009 年第 9 期。

陈振华等：《静脉产业类生态工业园区标准研究》，《安徽农业科》2009 年第 8 期。

李伟、白梅：《国外循环经济发展的典型模式及启示》，《经济纵横》2009 年第 4 期。

陈勇、童作锋、蒲勇健：《钢铁企业循环经济发展水平评价指标体系的构建及应用》，《中国软科学》2009 年第 12 期。

齐宇、李慧明：《基于共生理论的产业共生构成要素分析——以滨海新区泰达生态产业园区为例》，《现代财经》（天津财经大学学报）2009 年第 3 期。

司尚奇、曹振全、冯锋：《研究机构和企业共生机理研究——基于共生理论与框架》，《科学学与科学技术管理》2009年第6期。

翟纯红、郝家龙：《基于循环经济的产业集群发展模式研究》，《经济问题》2009年第1期。

罗林、贾芳：《企业发展循环经济的评价指标体系初探》，《物流经济》2009年第23期。

苗绘、王仁波、李海申：《发达国家循环经济发展模式分析及借鉴》，《特区经济》2009年第7期。

卫东、马家生：《对西部地区发展循环经济的思考》，《商场现代化》2009年第1期。

孔令丞：《基于循环经济的产业经济性与生态性相融合的演进》，《科技进步与对策》2009年第1期。

席旭东：《矿区生态工业共生效益测算实证研究》，《山东工商学院学报》2009年第3期。

荆勇：《关于我国"循环经济发展模式"的探讨》，《环境保护科学》2009年第1期。

王良忠等：《我国循环经济发展模式及机制研究》，《生产力研究》2009年第11期。

秦书生：《基于工业生态系统的循环经济发展模式探析》，《科技管理研究》2009年第12期。

王刚、孙延华、李尔彬：《国外循环经济的研究、实践及发展概述》，《中国林业经济》2009年第5期。

李小鹏、赵涛、袁兰静：《基于循环经济的生态工业园区综合评价研究》，《北京理工大学学报》（社会科学版）2009年第4期。

方琳、刘兆征：《构建企业循环经济发展模式的对策思考》，《经济问题》2009年第3期。

肖忠东、顾元勋、孙林岩：《工业产业共生体系理论研究》，《科技进步与对策》2009 年第 17 期。

陈洪涛、陈劲等：《新兴产业发展中的政府作用机制研究》，《科研管理》2009 年第 3 期。

崔兆杰等：《循环经济产业链柔性评价指标体系研究》，《改革与战略》2009 年第 1 期。

熊国强、潘泉、张洪才：《西部地区循环经济发展综合评价》，《科学管理研究》2008 年第 3 期。

吕颖：《日本、德国循环经济发展模式的比较及借鉴》，《当代经济学》2008 年第 9 期。

肖华茂、彭剑：《循环经济理念下的"长株潭"城市群生态发展模式设计》，《环境保护》2008 年第 18 期。

甘永辉、杨解生、黄新建：《生态工业园工业共生效率研究》，《南昌大学学报》（人文社会科学版）2008 年第 3 期。

周宏春：《以循环经济的思路实现能源与环境的协调发展》，《管理学报》2008 年第 5 期。

刘薇：《北京工业循环经济发展模式与发展重点分析》，《中国人口·资源与环境》2008 年第 2 期。

朱玉强等：《工业共生理论的研究述评》，《工业技术经济》2008 年第 12 期。

冯华、宋振湖：《山东省农业循环经济发展评价》，《中国人口·资源与环境》2008 年第 4 期。

余小琳：《循环经济视角下的观光农业可持续发展》，《农业经济问题》2008 年第 6 期。

王萍辉：《农业循环经济发展的现状与思考》，《农业经济》，2008 年第 10 期。

汪明峰等：《生态产业园区的循环经济发展框架——以宁波化工区为例》，《地理科学》2008 年第 5 期。

齐振宏：《生态工业园企业共生机理与运行模式研究》，《商业经济与管理》2008 年第 3 期。

龙泪：《论循环经济及其发展对策》，《湖湘论坛》2008 年第 4 期。

任迎伟、胡国平：《产业链稳定机制研究——基于共生理论中并联耦合的视角》，《经济社会体制比较》2008 年第 2 期。

张亚男、沙景华：《区域产业共生循环经济模式实例研究》，《环境与可持续发展》2008 年第 1 期。

冷志明、易夫：《基于共生理论的城市圈经济一体化机理》，《经济地理》2008 年第 3 期。

黄方、卓问、刘余：《工业生态园综合评价模型的建立》，《四川环境》2007 年第 1 期。

刘婕、杜春丽：《基于层次分析法的中国钢铁企业循环经济发展战略选择》，《理论月刊》2007 年第 12 期。

向来生等：《循环经济评价指标体系分析》，《中国人口·资源与环境》2007 年第 2 期。

朱玉丽、王丽萍、徐嘉怿：《基于循环经济的再生资源及其产业发展》，《中国资源综合利用》2007 年第 1 期。

程梅珍：《区域循环经济发展模式研究——天津滨海新区发展循环经济的实践与思考》，《中国科技论坛》2007 年第 5 期。

李彩虹：《化工行业循环经济的指标体系及效果评价》，《工业技术经济》2007 年第 4 期。

肖华茂：《区域循环经济发展模式及其评价体系研究综述》，《生态经济》2007 年第 4 期。

姜涛：《探析循环经济的制度建构》，《哈尔滨商业大学学报》（社会科学版）2006 年第 3 期。

钟太洋、黄贤金、李璐璐：《区域循环经济发展评价：方法、指标体系与实证研究：以江苏省为例》，《资源科学》2006 年第 2 期。

欧阳丽伟等：《循环经济评价指标体系进展研究》，《环境科学与管理》2006 年第 3 期。

国家统计局"循环经济评价指标体系"课题组：《"循环经济评价指标体系"研究》，《统计研究》2006 年第 9 期。

黄少鹏：《基于循环经济理念发展再生资源产业》，《再生资源研究》2006 年第 6 期。

孙邦国：《我国发展循环经济存在的问题及对策措施》，《华东经济管理》2006 年第 7 期。

杨雪锋：《近期循环经济研究述评》，《改革与战略》2006 年第 3 期。

张霞：《"循环经济"理念下的我国农业产业化龙头企业》，《华南农业大学学报》（社会科学版）2006 年第 1 期。

马其芳、黄贤金：《区域农业循环经济发展评价及其障碍度诊断——以江苏省 13 个市为例》，《南京农业大学学报》2006 年第 2 期。

任连保等：《氯碱企业构建循环经济发展模式的探讨》，《氯碱工业》2006 年第 7 期。

吴焕新：《发展循环经济与实现我国区域可持续协调发展》，《攀登》2006 年第 6 期。

罗璇、赵旭：《化工行业循环经济发展模式初探》，《科学技术与工程》2006 年第 10 期。

蔡小军、李双杰、刘启浩：《生态工业园共生产业链的形成机理及其稳定性研究》，《软科学》2006 年第 3 期。

王兆华、尹建华：《循环经济视角的产业集聚区工业共生网络与运作模式》，《改革》2006 年第 10 期。

刘亚峰、石虎：《借鉴德国经验推进西部地区循环经济发展》，《甘肃科技》2006 年第 11 期。

崔旭、许刚、陈雯：《德国循环经济的发展经验及其对我国的可借鉴性分析》，《城市环境与城市生态》2006 年第 3 期。

章波、黄贤金：《循环经济发展指标体系研究及实证评价》，《中国人口·资源与环境》2005 年第 3 期。

于丽英、冯之浚：《城市循环经济评价指标体系的设计》，《中国软科学》2005 年第 12 期。

刘学敏：《我国推进循环经济的深层障碍》，《经济纵横》2005 年第 7 期。

杨华峰、张华玲：《论循环经济评价指标体系的构建》，《科学学与科学技术管理》2005 年第 9 期。

黄海凤等：《基于灰色聚类法的生态工业园区评价》，《浙江工业大学学报》2005 年第 4 期。

牛文元：《循环经济：实现可持续发展的理想经济模式》，《中国科学院院刊》2004 年第 5 期。

梁剑琴：《循环经济立法研究》，《南京财经大学学报》2004 年第 4 期。

杨颖：《企业集群与工业园区的组织关联机理分析》，《长江论坛》2004 年第 4 期。

徐大伟、王子彦、谢彩霞：《工业共生体的企业链接关系的比较分析——以丹麦卡伦堡工业共生体为例》，《工业技术经济》2004 年第 1 期。

王灵梅、张金屯：《生态学理论在发展生态工业园中的应用研究——以朔州生态工业园为实例》，《生态学杂志》2004 年第 1 期。

万君康、梅小安：《生态工业园的内涵、模式与建设思路》，《上海综合经济》2003 年第 9 期。

宾厚、唐荣、王欢芳、谢国杰：《中国包装产业循环经济的效率评价》，《统计与决策》2018 年第 5 期。

胡彪、付中阳：《京津冀地区循环经济效率测评》，《城市问题》2017 年第 8 期。

黄明凤、姚栋梅：《"一带一路"背景下西部地区循环经济效率评价及影响因素分析》,《广西社会科学》2017 年第 9 期。

张明斗:《城市循环经济发展效率的空间差异研究》,《中国地质大学学报》(社会科学版),2016 年第 3 期。

邵留国、何莹莹、张仕璟、丰超:《基于网络 DEA 的中国火电行业循环经济效率及影响因素研究》,《资源科学》2016 年第 10 期。

陈翔、肖序:《中国工业产业循环经济效率区域差异动态演化研究与影响因素分析——来自造纸及纸制品业的实证研究》《中国软科学》,2015 年第 1 期。

吴力波、周泱:《中国各省循环经济发展效率——基于动态 DEA 方法的研究》,《武汉大学学报(哲学社会科学版)》2015 年第 1 期。

余迎新、李子彪、刘翀等:《基于 SNA 方法的地区制造业产业共生模式研究》,《河北工业大学学报》2015 年 3 期。

袁学英、颉茂华:《资源型城市循环经济效率综合比较评价》,《宏观经济研究》2015 年第 10 期。

陈安全:《中国循环经济运行效率的评估与空间差异性研究——基于 DEA-ESDA 的探索性分析》,《生态经济》2015 年第 12 期。

吕文慧、高志刚:《新疆与全国省区循环经济发展水平评价及效率分析》,《干旱区资源与环境》2014 年第 2 期。

董鸣皋:《基于多指标决策的循环经济发展水平综合评价方法——以陕西省为例》,《干旱区资源与环境》2014 年第 3 期。

贾国柱、刘圣国、孟楷越:《基于改进 DEA 模型的建筑业循环经济效率评价研究》,《管理评论》2014 年第 4 期。

曹孜、鲁芳、彭怀生:《我国循环经济效率及影响因素分析》,《统计与决策》2013 年第 11 期。

王怡:《基于突变级数法的中国低碳经济复杂系统综合评价》,《长江流域资源与环境》2012 年第 5 期。

王建:《工业园区生态化的产业共生体系研究——以天津空港经济区

为例》,《再生资源与循环经济》2012 年第 10 期。

杨丽花、佟连军:《基于社会网络分析方法的生态工业园典型案例研究》,《生态学报》2012 年第 13 期。

陶信平、李国勇:《西北地区循环经济发展的资源环境影响因素分析》,《新疆财经大学学报》2011 年第 1 期。

吴宝华:《循环经济发展的影响因素研究》,《天津师范大学学报》(社会科学版),2011 年第 3 期。

赵婷婷、冯德连:《中小企业与大企业共生模式的类型与优化研究》,《税务与经济》2011 年第 4 期。

苏楠、吴贵生:《基于社会网路分析方法的我国创新系统演进研究》,《科学学与科学技术管理》2011 年第 4 期。

孙博、王广成:《矿区生态产业共生模式探析》,《山东工商学院学报》2011 年第 5 期。

匡少平、陈红、袁卫平:《基于层次分析法的青岛循环经济发展水平综合评价》,《世界科技研究与发展》2010 年第 6 期。

仟凤清、李建侠:《基于突变级数法的企业自主创新能力评价及提升路径研究》,《科学学与科学技术管理》2010 年第 11 期。

王春枝、吴新娣:《基于面板数据的西部循环经济发展效率综合评价》.《统计与决策》2010 年第 17 期。

刘宁、杨莉、吴小庆、温剑锋、陆根法:《生态产业共生系统节点稳定性》,《生态学报》2009 年第 7 期。

薛婕、周景博、罗宏、赵娟、路超君:《基于 DEA 的产业园区循环经济效率评价》,《环境科学与管理》2009 年第 12 期。

南岚:《港口物流产业集群共生模式发展博弈》,《中国物流与采购》2009 年第 20 期。

王贵明:《产业共生组织的运行机制与驱动因素》,《改革》2008 年第 6 期。

李虹、王靖添：《产业共生循环经济村镇模式研究——以河南新乡七里营镇为例》，《农业经济问题》2008 年第 6 期。

刘宁、吴小庆、王志凤、王远、陆根法、温剑锋：《基于主成分分析法的产业共生系统生态效率评价研究》，《长江流域资源与环境》2008 年第 6 期。

李艳、陈晓宏、张鹏飞：《突变级数法在区域生态系统健康评价中的应用》，《中国人口·资源与环境》2007 年第 3 期。

汪安佑、王靖添：《电力—水泥产业共生循环经济模式的实证分析——以乌兰水泥集团公司为例》，《中国人口·资源与环境》2007 年第 6 期。

袁增伟、毕军：《生态产业共生网络形成机理及其系统解析框架》，《生态学报》2007 年第 8 期。

王延荣：《循环经济的发展模式研究》，《技术经济》2006 年第 2 期。

诸大建、黄晓芬：《循环经济与中国发展的 C 模式》，《环境保护》2005 年第 9 期。

吴季松：《循环经济学之我见》，《科学决策》2005 年第 11 期。

杨敬辉、武春友、张文博：《试用外部性理论分析生态工业园的经济学机制》，《中国资源综合利用》，2004 年第 4 期。

冯之浚：《论循环经济》，《中国软科学》，2004 年第 10 期。

冯久田：《鲁北企业集团发展生态工业产业链的实践与探索》，《中国人口·资源与环境》2003 年第 1 期。

王晓光：《发展循环经济的基本途径与对策研究》，《软科学》2003 年第 1 期。

曲格平：《探索可持续的新型工业化道路》，《环境保护》2003 年第 1 期。

薛东峰、罗宏、周哲：《南海生态工业园区的生态规划》。《产业与环境》（中文版）2003 年第 S1 期。

元炯亮：《生态工业园区评价指标体系研究》，《环境保护》2003 年第 3 期。

周国梅等：《循环经济和工业生态效率指标体系》，《城市环境与城市生态》2003 年第 6 期。

吴峰、徐栋、邓南圣：《生态工业园规划设计与实施》，《环境科学学报》2002 年第 6 期。

王兆华、武春友：《基于交易费用理论的生态工业园中企业共生机理研究》，《科学学与科学技术管理》2002 年第 8 期。

莱斯特·R. 布朗：《生态经济：有利于地球的经济构想》，《博览群书》2002 第 9 期。

肖松文、张泾生、曾北危：《产业生态系统与矿业可持续发展》，《矿冶工程》2001 年第 1 期。

刘力、郑京淑：《产业生态研究与生态工业园开发模式初探》，《经济地理》2001 年第 5 期。

耿勇、武春友：《利用工业生态学理论运营和管理工业园区》，《中南工业大学学报》（社会科学版）2000 年第 1 期。

诸大建：《从可持续发展到循环型经济》，《世界环境》2000 年第 3 期。

吴绍忠：《循环经济是经济发展的新增长点》，《社会科学》1998 年第 10 期。

孙鸿烈、横山长之：《清洁生产与持续发展》，《中国科学院院刊》1995 年第 4 期。

英文文献：

Shishir Kumar Behera, Jung-Hoon Kim, Sang-Yoon Lee, Sangwon Suh, Hung-Suck Park, "Evolution of 'designed' industrial symbiosis networks in the Ulsan Eco-industrial Park: 'research and development into business' as the enabling framework" *Journal of Cleaner Produc-*

tion, 2012, (29 – 30): 103 – 112.

C. Block, B. Van Praet, T. Windels, I. Vermeulen, G. Dangreau, A. Overmeire, E. DHooge, T. Maes, G. Van Eetvelde, and C. Vandecasteele. "Toward a Carbon Dioxide Neutral Industrial Park" *Journal of Industrial Ecology*, 2011, 15 (4): 584 – 596.

Yang Qinga, Chen Mingyuea, Gao Qiongqiong. "Research on the Circular Economy in West China" *Energy Procedia*, 2011 (5): 1425 – 1432.

Han Juna, He Xiang. "Development of Circular Economy Is A Fundamental Way to Achieve Agriculture Sustainable Development in China" *Energy Procedia*, 2011 (5): 1530 – 1534.

Guo Zhen, Liu Qieyi, Wang Xiaoxu. "On Development Model based on Intra-county Cyclic Economy under Low-carbon Economy for Northeast China" *Energy Procedia*, 2011 (5): 1553 – 1557.

Laura Sokka, Suvi Pakarinen, Matti Melanen. "Industrial symbiosis contributing to more sustainable energy use-an example from the forest industry in Kymenlaakso, Finland" *Journal of Cleaner Production*, 2011 (19): 285 – 293.

Han Juna, He Xiangb. "Development of Circular Economy Is A Fundamental Way to Achieve Agriculture Sustainable Development in China" *Energy Procedia*, 2011 (5): 1530 – 1534.

Jacob Parka, Joseph Sarkisb, Zhaohui Wuc. "Creating integrated business and environmental value within the context of China's circular economy and ecological modernization" *Journal of Cleaner Production*, 2010 (18): 1494 – 1501.

Branson, Robin. "Reconstructing Kalundborg: the reality of bilateral symbiosis and other insights" *Journal of Cleaner Production*, 2016, 112: 4344 – 4352.

Jung S, Dodbiba G, Chae S H, et al. "A novel approach for evaluating the performance of eco-industrial park pilot projects" *Journal of Cleaner Production*, 2013, 39 (1): 50 – 59.

Spekkink, Wouter. "Institutional capacity building for industrial symbiosis in the Canal Zone of Zeeland in the Netherlands: a process analysis" *Journal of Cleaner Production*, 2013, 52 (9): 342 – 355.

D. Rachel Lombardi, PeterLaybourn. "Redefining Industrial Symbiosis: Crossing Academic-Practitioner Boundaries" *Journal of Industrial Ecology*, 2012, 16 (1): 28 – 37.

Paquin RL, Howard-Grenville J. "The Evolution of Facilitated Industrial Symbiosis" *Journal of Industrial Ecology*, 2012, 16 (1): 83 – 93.

Salmi O. , Hukkinen J. , Heino J. , et al. "Governing the Interplay between Industrial Ecosystems and Environmental Regulation" *Journal of Industrial Ecology*, 2012, 16 (1): 119 – 128

Behera S K, Kim J H, Lee S Y, et al. "Evolution of 'designed' industrial symbiosis networks in the Ulsan Eco-industrial Park: 'research and development into business' as the enabling framework" *Journal of Cleaner Production*, 2012, 29 – 30 (none): 103 – 112.

Sokka L, Lehtoranta S, Nissinen A, et al. "Analyzing the Environmental Benefits of Industrial Symbiosis" *Journal of Industrial Ecology*, 2011, 15 (1): 137 – 155.

Chertow M, Miyata Y. "Assessing collective firm behavior: comparing industrial symbiosis with possible alternatives for individual companies in Oahu, HI" *Business Strategy & the Environment*, 2011, 20 (4): 266 – 280.

Teresa Doménech, Davies M . "The role of Embeddedness in Industrial Symbiosis Networks: Phases in the Evolution of Industrial Symbiosis

Networks" *Business Strategy & the Environment*, 2011, 20 (5): 281 – 296.

Inês Costa, Guillaume Massard, Abhishek Agarwal. "Waste management policies for industrial symbiosis development: case studies in European countries" *Journal of Cleaner Production*, 2009, 18 (8): 815 – 822.

VanBerkel R. "Comparability of Industrial Symbioses" *Journal of Industrial Ecology*, 2009, 13 (4): 483 – 486

Eckelman M J, Chertow M R . "Quantifying Life Cycle Environmental Benefits from the Reuse of Industrial Materials in Pennsylvania" *Environmental Science & Technology*, 2009, 43 (7): 2550 – 2556.

Marian R. Chertow. "'Uncovering' Industrial Symbiosis" *Journal of Industrial Ecology*, 2007, 11 (1): 11 – 30.

Jacobsen N. B. Industrial Symbiosis in Kalundborg "Denmark: A Quantitative Assessment of Economic and Environmental Aspects" *Journal of Industrial Ecology*, 2006, 10 (1 – 2): 239 – 255

Oh DS, Kim K B, Jeong S Y "Eco-Industrial Park Design: a Daedeok Technovalley case study" *Habitat International*, 2005, 29 (2): 0 – 284.

Kjaerheim G. "Cleaner production and sustainability" *Journal of Cleaner Production*, 2005, 134: 329 – 339.

Mirata M, Emtairah T . "Industrial symbiosis networks and the contribution to environmental innovation" *Journal of Cleaner Production*, 2005, 13 (10): 993 – 1002.

Ehrenfeld J. "Industrial Ecology: a New Field or only a Metaphor" *Journal of Cleaner Production*, 2004, (12): 825 – 831.

Chertow M R "Industrial symbiosis: literature and taxonomy" *Annual review of energy and the environment*, 2000, 25 (1): 313 – 337.

Schwarz EJ, Steininger K W. "Implementing nature's lesson: The industrial recycling network enhancing regional development" *Journal of Cleaner Production*, 1997, 5 (1 - 2): 47 - 56.

Gertler, Nicholas and John R. Ehrenfeld. "Industrial Ecology in Practice: The Evolution of Interdependence at Kalundborg" *Journal of Industrial Ecology*, 1997, (10): 54 - 56.

Lifset R. "Industrial Metaphor, a Field, and a Journal" *Journal of Industrial Ecol*, 1997, (91): 1 - 3.

Frosch, Robert A, Nicholas E. "Gallopoulos, Strategies for Manufacturing" *Scientific American*, 1989, (9): 94 - 105.

R. U. Ayres, A. V. *Kneese*: *production*, *consumption* *and* *externalities* Washington D. C: Resources for the Future, 1969.

Renner G T. "Geography of industrial localization" *Economic Geography*, 1947, 23 (3): 167 - 189.

后 记

恰同学少年，忆往昔峥嵘岁月稠。本书是以我在兰州大学求学期间跟随导师陈兴鹏参与的课题为基础，结合最新研究进展写作而成。在 2009~2012 年，我跟随导师深入农村、工矿企业、城市，足迹东到红色革命老区庆阳市华池县，西至河西走廊关塞玉门市，北到资源新城白银市，南达壮丽甘南藏族自治州，从黄土高原到青藏高原，从沙漠戈壁到灵秀山区，纵横两千多公里，遍及甘肃的一半以上地区。在领略祖国大好河山的同时，也深深感受到自己作为一名科研工作者所担负的社会责任。

为顺利完成本书的写作，我先后经历了资料搜集、实地调研、框架设计、数据处理、会议研讨、书稿撰写、征求意见及修改完善等多个阶段。书稿即将完成之际，正值中央财经委员会第五次会议召开，会议要求支持上下游企业加强产业协同和技术合作攻关，增强产业链韧性，提升产业链水平，打好产业基础高级化、产业链现代化的攻坚战，这对发挥基于产业共生的园区循环经济发展模式的优势，加快产业转型升级，推动经济高质量发展提供了重要机遇。

不知不觉，我已在河南省社会科学院度过了七年，七年的光阴让我从青涩的学生成长为社科研究工作者，也让我把社科院当成了家，在这个家里感受着长辈们的关心、伙伴们的鼓励，见证着我的慢慢成长。本书能够付印，要感谢河南省社会科学院陈明星研究员给予的指点和帮助。本书的顺利出版，离不开河南省社会科学院这个大家庭对我的关心，离不开这个大家庭兄弟姐妹们对我的帮助。

由于水平有限，书中不足甚至错漏之处在所难免，恳请大家批评指正。

王元亮

二零一九年十月十五日于郑州

图书在版编目（CIP）数据

基于产业共生的园区循环经济发展模式研究／王元
亮著. -- 北京：社会科学文献出版社，2019.12
（中原学术文库. 青年丛书）
ISBN 978 - 7 - 5201 - 5822 - 0

Ⅰ.①基… Ⅱ.①王… Ⅲ.①高技术园区 - 循环经济
- 经济发展模式 - 研究 - 中国 Ⅳ.①F127

中国版本图书馆 CIP 数据核字（2019）第 267128 号

中原学术文库·青年丛书
基于产业共生的园区循环经济发展模式研究

著　　者／王元亮

出 版 人／谢寿光
组稿编辑／任文武
责任编辑／王玉霞　徐崇阳
文稿编辑／胡相铎

出　　版／社会科学文献出版社·城市和绿色发展分社（010）59367143
　　　　　地址：北京市北三环中路甲 29 号院华龙大厦　邮编：100029
　　　　　网址：www. ssap. com. cn
发　　行／市场营销中心（010）59367081　59367083
印　　装／三河市尚艺印装有限公司

规　　格／开本：787mm × 1092mm　1/16
　　　　　印张：14.75　字数：201 千字
版　　次／2019 年 12 月第 1 版　2019 年 12 月第 1 次印刷
书　　号／ISBN 978 - 7 - 5201 - 5822 - 0
定　　价／78.00 元

本书如有印装质量问题，请与读者服务中心（010 - 59367028）联系